Secrets de famille

Secrets de famille

Le savoir-faire retrouvé de nos grand-mères

Textes
Agnès Rambaud
Frédérique Crestin-Billet

Stylisme
Sybil Cannac

Photographies
Julien Vallé

SOLAR

ISBN : 2-263-02228-7
N° d'éditeur : 2386
Dépôt légal : novembre 1994

Imprimé en Espagne

Préface

Dans toutes les familles, il y a des recettes que l'on se transmet de mère en fille ou même de grand-mère en petite-fille. Qu'elles soient faites pour être mangées ou pour faciliter la vie, ou encore pour rendre sa maison plus accueillante, les recettes de famille ont une qualité de plus que toutes les autres : elles sont empreintes de souvenirs. Souvenir d'une maison où on se retrouvait entre cousins pour les vacances, souvenir d'odeurs qui emplissaient les moindres recoins, souvenir de journées de cueillette, souvenir de couleurs, souvenir d'emballages pour lesquels on se donnait au moins autant de mal que pour la recette elle-même. Souvenir, enfin, de la joie de la famille quand on ouvrait les bocaux, les boîtes, les papiers... Or, un jour, en évoquant tous ces souvenirs, nous nous sommes prises au jeu et avons vraiment recherché toutes ces recettes qui avaient habité notre enfance, questionnant nos mères, nos grand-mères, nos tantes... Puis, la magie a eu lieu, nous avions de quoi faire un beau livre en ne donnant que le meilleur de notre récolte. Le meilleur, parce que nous n'avons choisi que des recettes qui, si elles ne sont pas toujours rapides à exécuter, sont aisées à réussir. Le meilleur aussi, parce que les ingrédients sont faciles à trouver de nos jours. Puissent ces Secrets de famille devenir un peu les vôtres et qu'ils vous apportent du bonheur.

Sommaire

LE PLACARD AUX ALCOOLS

✦

Apéritifs

Sirops

Liqueurs

Fruits à l'eau-de-vie

Boissons rafraîchissantes

✦

Apéritifs

L'apéritif désigne aujourd'hui n'importe quelle boisson que l'on offre avant un déjeuner ou un dîner. Il faut se rappeler que la véritable raison d'être des apéritifs, qui étaient jadis bien souvent des remèdes, était d'ouvrir l'appétit. Outre leur sympathique côté de recettes traditionnelles, on y trouve des ingrédients (oranges, noix vertes, cannelle ou encore houblon) dont l'amertume est reconnue depuis toujours pour «stimuler les appétits les plus faibles et les moins aiguisés». Autrefois, on apportait un soin particulier à la confection des apéritifs faits chez soi, chaque maîtresse de maison y mettant un peu de sa fierté et de sa sorcellerie personnelle.

CETTE RECETTE N'EN SERA QUE MEILLEURE SI, AU LIEU D'UNE EAU-DE-VIE NEUTRE, ON Y MET DU COGNAC OU DE L'ARMAGNAC.

UN BOUCHAGE SOIGNEUX PERMETTRA DE CONSERVER LE VIN D'ORANGE PLUSIEURS ANNÉES.

LE VIN D'ORANGE

Ingrédients

4 ou 5 oranges
1 citron
5 l de vin blanc sec ou de vin rosé
1 l d'eau-de-vie à 45°
600 g de sucre de canne
7 ou 8 gousses de vanille
7 ou 8 bâtons de cannelle
quelques clous de girofle

Ustensiles

Un grand bocal, ou une terrine, d'une contenance de 10 l environ qui pourra être fermé hermétiquement
Une mousseline pour filtrer
Sept ou huit bouteilles avec leurs bouchons, sinon sept ou huit bouchons de liège et éventuellement de la cire de bouchage
Sept ou huit étiquettes

Préparation

Lavez les oranges et le citron et coupez-les en lamelles. Mettez tous les ingrédients, à l'exception des épices, dans un grand bocal et laissez macérer pendant 50 jours environ, si possible dans un endroit frais. La macération terminée, filtrez puis mettez en bouteilles. Laissez un peu d'espace dans les bouteilles de manière à pouvoir glisser dans chacune d'elles 1 gousse de vanille et/ou 1 bâton de cannelle, quelques morceaux d'orange et quelques clous de girofle. Bouchez et étiquetez en indiquant le millésime.

Ces trois recettes, le vin d'orange, l'eau de noix et la frênette, sont de vrais apéritifs toniques. Classique parmi les classiques : le vin d'orange. Il existe presque autant de recettes que de familles. Chaque maîtresse de maison peut l'accommoder en fonction de ses goûts, de son imagination et des ingrédients dont elle dispose. L'écrivain Colette a beaucoup contribué à populariser le vin d'orange. Sa recette ne comportait ni cannelle ni clou de girofle, mais elle utilisait de véritables oranges amères, très difficiles à trouver aujourd'hui. Dans ses cahiers, on a retrouvé la recette du vin marquis, réalisée avec du vin jeune de Provence. Elle y ajoutait, en plus des oranges, des rondelles de citron, de la cannelle, des grains de poivre, une pincée de noix muscade et, bien entendu, filtrait sa préparation avant de la consommer, chaude le plus souvent, comme une sorte de soupe ! C'est ce qu'elle appelait son vin marquis.

Quant à l'eau de noix, qu'il serait plus exact d'appeler le vin de noix, elle peut aussi donner libre cours à toutes les fantaisies : le vin rouge peut être remplacé par du vin blanc sec, les doses de cannelle et de vanille peuvent être augmentées ou tout simplement supprimées. C'est une simple question de goût personnel.

Puisque ces boissons sont originales, servez-les avec des amuse-gueule qui soient eux aussi originaux : petits poissons frits de rivière, canapés de tarama ou de tapenade sur des toasts chauds, fromages de chèvre roulés aux herbes, caviar d'aubergine. Dans le cas d'un déjeuner, un tel apéritif peut tenir lieu d'entrée.

EN PLUS DE SON GOÛT AGRÉABLE, L'EAU DE NOIX A AUSSI DES VERTUS DÉPURATIVES ET DIGESTIVES.

L'EAU DE NOIX

Ingrédients

1 quarantaine de noix vertes
5 l de bon vin rouge
1 gousse de vanille
1 bâton de cannelle
2 verres d'eau-de-vie à 45°
500 g de sucre de canne

Ustensiles

Un grand bocal, ou une terrine, d'une contenance de 6 l environ qui pourra être fermé hermétiquement
Une mousseline pour filtrer
Six ou sept bouteilles avec leurs bouchons, sinon six ou sept bouchons de liège et éventuellement de la cire de bouchage
Six ou sept étiquettes

Préparation

Cueillez les noix vertes juste formées à l'intérieur. Coupez-les avec leur brou en deux ou quatre morceaux. Mettez-les dans un grand bocal avec le vin, la vanille, la cannelle et l'eau-de-vie. Bouchez le bocal et laissez macérer pendant 50 jours environ en remuant de temps en temps le mélange. Une fois cette période écoulée, filtrez, ajoutez le sucre et laissez-le fondre pendant quelques heures. Mettez en bouteilles et bouchez.
Étiquetez en indiquant le millésime et ayez de la patience, cette eau de noix s'améliore en vieillissant.

LA FRÊNETTE

Ingrédients

25 g de feuilles de frêne
10 g de jeunes pousses de houblon
10 g de graines de coriandre
10 g de baies de genièvre
10 g de baies de sureau
10 g de feuilles séchées de bigaradier
500 g de sucre
5 g d'acide citrique
2 g de levure de bière

Ustensiles

Une casserole
Une grande jarre d'une contenance de 10 l au moins
Une mousseline pour filtrer
Une dizaine de bouteilles avec leurs bouchons, sinon une dizaine de bouchons de liège et éventuellement de la cire de bouchage
Une dizaine d'étiquettes

Préparation

Faites bouillir toutes les plantes dans 1 l d'eau. Couvrez et laissez le mélange frémir pendant 15 minutes. Filtrez-le et versez-le sur le sucre. Quand celui-ci est bien dissous, ajoutez les 5 g d'acide citrique. Délayez la levure de bière dans un bol d'eau froide et laissez reposer 4 heures avant de la rajouter à la préparation. Versez le tout dans une grande jarre en rajoutant de l'eau pour obtenir 10 l de boisson environ. Laissez fermenter pendant une huitaine de jours dans un endroit plutôt sec et chaud, puis filtrez et mettez en bouteilles. Bouchez et étiquetez.

AUTRE RECETTE :

Ingrédients

10 g de feuilles de frêne
5 g de houblon
60 g de chicorée torréfiée
1 kg de sucre
20 g d'acide tartrique
12 g de levure de bière

Ustensiles

Une casserole
Un petit tonneau d'une contenance de 25 l
Un tamis pour filtrer
Vingt-cinq bouteilles avec leurs bouchons, sinon vingt-cinq bouchons de liège et éventuellement de la cire de bouchage
Vingt-cinq étiquettes

Préparation

Faites bouillir les feuilles de frêne, le houblon et la chicorée dans 2 l d'eau pendant 45 minutes. Hors du feu, ajoutez le sucre et l'acide tartrique en mélangeant bien, puis laissez refroidir. Délayez la levure de bière dans de l'eau froide et laissez-la reposer 4 heures. Passez la préparation au tamis et versez-la dans un petit tonneau avec l'eau froide restante et la levure. Laissez fermenter dans un endroit frais pendant une huitaine de jours environ.
Filtrez ensuite le tout au tamis avant de mettre en bouteilles. Bouchez et étiquetez.

Sirops

—✦—

Synonymes des étés chauds, les sirops et le tintement des glaçons dans les citronnades, boissons toutes simples, sont présents dans tous les souvenirs d'enfance. Sirop et eau sont tout indiqués pour apporter un peu de fraîcheur à une famille allongée à l'ombre d'un arbre ou rassemblée sur une terrasse.

Les meilleurs sirops se fabriquent avec des fruits juteux et parfumés. Ceux qui seraient trop mûrs pour être mis en conserve peuvent donner d'excellents résultats. En revanche, des fruits trop verts, donc acides, sont à éliminer. Toutes les combinaisons sont possibles : myrtille, mûre, cassis, pêche, groseille, pomme.

Le sucre est l'élément essentiel à la bonne conservation des sirops. Pour les sirops à base de fruits rouges, vous pouvez sans risque adopter la recette du sirop de framboise qui est donnée ci-contre, à l'exception des groseilles qui exigent environ un tiers de sucre en plus.

Pour les autres fruits, afin d'éviter que votre préparation ne soit trop, ni trop peu sucrée, vous pouvez presser les fruits d'un côté et préparer à part, dans une bassine à confitures, un sirop de sucre en faisant bouillir une dizaine de minutes 2 kilos de sucre dans un litre d'eau. Mélangez ensuite le jus de fruits et le sirop de sucre dans la proportion de 500 grammes de ce dernier pour 400 grammes de jus obtenu, puis faites bouillir à nouveau quelques instants. En ce qui concerne les agrumes, n'utilisez qu'une partie de l'écorce et enlevez soigneusement la peau blanche, qui est très amère. Le pamplemousse nécessite souvent un peu plus de sucre que les oranges ou les citrons. Pensez aussi à allier le citron vert aux autres agrumes.

Vous pouvez aussi aromatiser vos boissons avec quelques gouttes d'une eau de fleur d'oranger, le zeste d'un citron ou une gousse de vanille. Faites des essais sur de petites quantités, puis, quand vous aurez trouvé la bonne formule, notez-la soigneusement.

Une bouteille hermétiquement close se conserve sans problème plusieurs mois, mais les bouteilles entamées doivent être consommées rapidement et placées au réfrigérateur. Sachez aussi que les sirops de fruits se congèlent très facilement sans perdre ni leur saveur ni leur teneur en vitamine C. Laissez-les décongeler lentement au réfrigérateur.

Ils peuvent être servis allongés d'eau plate ou gazeuse, agrémententés d'une rondelle de citron, d'une feuille de menthe ou d'un fruit frais. Économiques et délicieux, ils font vite oublier les sodas et autres boissons moins naturelles.

LE SIROP DE FRAMBOISE

Ingrédients

3 kg de framboises saines et bien mûres
3 kg de sucre
75 cl d'eau

Ustensiles

Une bassine à confitures
Une grande étamine pour filtrer
Six ou sept bouteilles avec leurs bouchons, sinon six ou sept bouchons de liège et éventuellement de la cire de bouchage
Six ou sept étiquettes

Préparation

Écrasez soigneusement les fruits dans le sucre, puis versez l'eau sur cette purée. Faites bouillir l'ensemble dans une bassine à confitures. Remuez très souvent en laissant cuire jusqu'à l'obtention d'un sirop onctueux. Filtrez à travers une étamine en pressant très fort pour bien extraire tout le jus. Mettez en bouteilles, bouchez et étiquetez. Ce sirop peut se conserver plusieurs mois, mais vous pouvez aussi le boire immédiatement.

Rouges, verts, jaunes,
emprisonnés dans de belles bouteilles,
les sirops de fruits du jardin seront aussi
beaux à servir qu'à aligner sur
les étagères des placards.

LE SIROP DE CITRON

Ingrédients

10 citrons
1,2 kg de sucre en morceaux
50 cl d'eau bouillie

Ustensiles

Une grande casserole
Un presse-citron
Une mousseline pour filtrer
Deux ou trois bouteilles avec leurs bouchons, sinon deux ou trois bouchons de liège et éventuellement de la cire de bouchage
Deux ou trois étiquettes

Préparation

Lavez soigneusement les citrons. Frottez chaque morceau de sucre sur l'écorce des citrons : commencez l'opération par les arêtes des sucres et continuez-la jusqu'à une bonne imprégnation. Mettez ensuite les morceaux de sucre dans une casserole, ajoutez le jus de tous les citrons et arrosez avec l'eau bouillie. Remuez avec une cuiller en bois. Laissez reposer le mélange pendant 3 jours dans un endroit frais, sans oublier de le remuer fréquemment. Filtrez le tout avant de mettre en bouteilles. Bouchez et étiquetez.

Liqueurs

« Les liqueurs sont devenues un article de première nécessité; et l'on n'oserait pas donner un repas, même très simple, sans que deux ou trois espèces de liqueurs n'entourent le café... » disait Lanzac de Lassie dans *Paris sous Napoléon*. Les choses ont bien changé depuis cet engouement du XIXe siècle pour les « liqueurs de table » qui étaient alors un phénomène tout à fait nouveau. Avant cela, elles étaient surtout des remèdes, voire de véritables potions magiques pour lesquelles certaines recettes allaient même jusqu'à préconiser l'ajout de paillettes d'or!

Jusqu'à la Révolution, seuls les apothicaires et les couvents étaient autorisés à vendre des liqueurs, c'est pourquoi toutes les bonnes ménagères s'appliquaient à en fabriquer elles-mêmes, selon des recettes que, bien souvent, elles aimaient garder secrètes. Puis, vers la fin du siècle dernier, l'industrie de la distillation fit de grands progrès, et cette habitude ne fut plus conservée que par ceux qui disposaient de fruits et d'alcool de leur propre production. C'est sans doute la raison pour laquelle les liqueurs sont tombées en désuétude.

Elles font pourtant partie des produits que l'on se doit d'avoir dans une maison, ne serait-ce que pour pouvoir offrir un digestif à ceux que les eaux-de-vie rebutent. Les liqueurs sont également un excellent moyen de donner de l'allure aux desserts les plus simples : glaces, crèmes ou simple gâteau quatre-quarts que vous pourrez servir avec un peu de crème fouettée arrosée de quelques gouttes d'une liqueur de votre fabrication.

Il existe une méthode traditionnelle, certes un peu longue, mais quasiment infaillible, pour conserver les liqueurs dans de bonnes conditions : une fois les bouteilles remplies, fermez-les à moitié et placez-les dans une casserole ou un faitout suffisamment profond pour que l'eau arrive à la base des bouchons. Séparez les bouteilles avec de vieux journaux afin qu'elles restent debout bien droites. Amenez ensuite l'eau au stade de l'ébullition et laissez frissonner pendant une vingtaine de minutes. Retirez les bouteilles et fermez à fond les bouchons à vis ou enfoncez les bouchons de liège. Attendez que la liqueur soit refroidie et, si vous avez utilisé des bouchons de liège, qu'ils soient bien secs, pour plonger les bouteilles dans un bain de cire de paraffine. Pour que la bouteille soit parfaitement hermétique, la cire doit recouvrir tout le bouchon et s'étendre d'au moins un centimètre sur le goulot. Un tel conditionnement vous assurera une conservation de plusieurs années.

LA LIQUEUR DE CASSIS

Ingrédients

2 kg de baies de cassis bien mûres
1 poignée de jeunes pousses de feuilles de cassis
2 kg de sucre cristallisé
2 l d'eau-de-vie

Ustensiles

Un grand saladier
Cinq ou six grands bocaux à conserve
Un presse-purée
Une étamine pour filtrer
Cinq ou six bouteilles avec leurs bouchons, sinon cinq ou six bouchons de liège et éventuellement de la cire de bouchage
Cinq ou six étiquettes

Préparation

Égrappez les cassis, mélangez-les aux feuilles de cassis et recouvrez avec le sucre. Conservez au frais pendant toute une nuit, les baies éclateront toutes seules. Arrosez ensuite d'eau-de-vie et mélangez bien avant de verser cette préparation dans des bocaux bien fermés. Au bout d'un mois, passez au presse-purée et filtrez à l'étamine avant de mettre votre liqueur en bouteilles. Bouchez et étiquetez.

LE VIN DE CASSIS

Ingrédients

2 kg de baies de cassis bien mûres
1 l de très bon vin rouge
150 g de sucre (éventuellement)
2 ou 3 petits verres à liqueur d'eau-de-vie

Ustensiles

Un grand saladier
Une casserole (éventuellement)
Une étamine pour filtrer
Deux ou trois bouteilles avec leurs bouchons, sinon deux ou trois bouchons de liège et éventuellement de la cire de bouchage
Deux ou trois étiquettes

Préparation

Mettez le cassis dans un grand saladier et laissez-le macérer dans le vin rouge de 3 à 4 jours en recouvrant d'un linge. Il est important que l'air puisse circuler. Passez le mélange à travers une étamine en pressant très fort sur les fruits pour en extraire tout le jus. Mettez en bouteilles, bouchez, étiquetez et conservez au frais.
La recette peut s'arrêter là, mais vous pouvez aussi ajouter du sucre que vous aurez d'abord fait fondre à feu doux dans un peu d'eau et que vous répartirez dans les bouteilles.
Ajoutez également 1 petit verre d'une eau-de-vie neutre ou de vodka par bouteille avant de les fermer, de les boucher et de les étiqueter.
Cette recette plus élaborée se conserve plus longtemps, et il n'est pas nécessaire de mettre les bouteilles au frais.

Faites vos propres liqueurs, ne serait-ce que pour avoir le plaisir de vous servir des petits verres à liqueur de votre grand-mère.

LA LIQUEUR DE CAFÉ

Ingrédients

75 cl d'eau
350 g de café instantané
2 gousses de vanille fendues en deux
3 kg de sucre semoule
75 cl de vodka

Ustensiles

Une casserole
Trois ou quatre bouteilles avec leurs bouchons, sinon trois ou quatre bouchons de liège et éventuellement de la cire de bouchage
Trois ou quatre étiquettes

Préparation

Mettez l'eau à bouillir dans une casserole, ajoutez le café et faites-le se dissoudre, puis mettez la vanille et le sucre. Laissez frémir le mélange 15 minutes jusqu'à ce qu'il devienne sirupeux. Faites refroidir hors du feu. Ajoutez la vodka en la mélangeant bien. Mettez en bouteilles, bouchez et étiquetez. Attendez un bon mois avant de consommer votre liqueur de café pour que ses arômes s'épanouissent.

LA LIQUEUR D'ABRICOT

Ingrédients

500 g d'abricots coupés, dont vous conserverez les noyaux
500 g de sucre
1 l de vin blanc sec
70 cl de gin

Ustensiles

Une casserole
Un grand saladier
Une mousseline pour filtrer
Trois ou quatre bouteilles avec leurs bouchons
Trois ou quatre étiquettes

Préparation

Mettez à bouillir ensemble les abricots, le sucre et le vin dans une grande casserole. Quand le sucre est bien fondu, retirez du feu et ajoutez le gin. Cassez les noyaux d'abricots pour en retirer les amandes et mettez-les dans un saladier avec votre préparation. Laissez macérer le tout 3 ou 4 jours puis filtrez.
Mettez en bouteilles, bouchez, étiquetez et attendez au moins 1 mois avant de consommer.

LA LIQUEUR DE MÛRE

Ingrédients
1 kg de mûres
200 g de framboises
750 g de sucre
2 l d'eau-de-vie à 45°

Ustensiles
Un grand saladier
Une mousseline pour extraire le jus des fruits
Une étamine pour filtrer
Trois ou quatre bouteilles avec leurs bouchons, sinon trois ou quatre bouchons de liège et éventuellement de la cire de bouchage
Trois ou quatre étiquettes

Préparation
Après avoir équeuté les fruits, écrasez-les et pressez-les dans une mousseline. Ajoutez le sucre au jus obtenu et mélangez bien avant d'ajouter l'alcool. Laissez infuser 3 semaines en remuant de temps en temps. Filtrez avant de mettre en bouteilles. Bouchez et étiquetez.

LA LIQUEUR DE FRAMBOISE

Ingrédients
12 cl d'eau
200 g de sucre semoule
500 g de framboises
3 longues lanières de zeste de citron
1 gousse de vanille fendue en deux
1 cuillerée à café de jus de citron
75 cl de vodka

Ustensiles
Une casserole
Une mousseline pour filtrer
Deux ou trois bouteilles avec leurs bouchons, sinon deux ou trois bouchons de liège et éventuellement de la cire de bouchage
Deux ou trois étiquettes

Préparation
Mettez l'eau et le sucre dans une casserole avec les framboises, le zeste de citron et la vanille et faites cuire très doucement. Augmentez le feu et faites bouillir 3 minutes, puis laissez reposer pendant 30 minutes hors du feu. Filtrez à travers une mousseline. Ajoutez le jus de citron et la vodka en mélangeant bien. Versez dans les bouteilles, bouchez et laissez refroidir. Étiquetez.

LA CRÈME DE MENTHE

Ingrédients
50 cl de vodka
25 cl de sirop de sucre de canne
1/2 cuillerée à café d'extrait de menthe

Ustensiles
Une bouteille avec son bouchon, sinon un bouchon de liège
Une étiquette

Préparation
Versez la vodka dans un flacon, puis le sirop de sucre de canne et l'extrait de menthe. Vous pouvez éventuellement ajouter 40 gouttes de colorant vert. Bouchez et étiquetez. Servez cette préparation en digestif, ajoutez-la à une sauce au chocolat ou bien versez-la sur des glaces. Au frais, elle se conservera facilement pendant un mois.

LA LIQUEUR D'ANISETTE

Ingrédients
2 l d'eau-de-vie à 45°
1 kg de sucre
60 g d'anis vert
30 g de coriandre
2 g de cannelle
1 g de macis

Ustensiles
Un grand bocal ou un flacon d'une contenance de 4 l
Une étamine pour filtrer
Deux ou trois bouteilles avec leurs bouchons, sinon deux ou trois bouchons de liège et éventuellement de la cire de bouchage
Deux ou trois étiquettes

Préparation
Mettez tous les ingrédients dans un grand bocal. Fermez-le. Laissez infuser pendant 1 mois puis filtrez le mélange avant de mettre en bouteilles. Bouchez et étiquetez.

LA LIQUEUR DE CURAÇAO

Ingrédients
3 belles oranges
1 l d'eau-de-vie à 50°
500 g de sucre
2 clous de girofle
1 g de cannelle

Ustensiles
Un grand bocal ou un flacon d'une contenance de 3 l
Une étamine pour filtrer
Une ou deux bouteilles avec leurs bouchons, sinon un ou deux bouchons de liège et éventuellement de la cire de bouchage
Une ou deux étiquettes

Préparation
Lavez les oranges avant d'en retirer les zestes. Mettez ceux-ci avec les autres ingrédients dans un grand bocal. Laissez infuser pendant 1 mois, puis filtrez avant de mettre en bouteilles. Bouchez et étiquetez.

LES BOUTEILLES RÉCUPÉRÉES DOIVENT ÊTRE PASSÉES À L'EAU DE JAVEL ET ÊTRE BIEN ÉGOUTTÉES AVANT DE RESSERVIR.

LES BOUCHONS DE LIÈGE, MATIÈRE VIVANTE, RESTENT IMPRÉGNÉS DU GOÛT ET DE L'ODEUR DES LIQUIDES POUR LESQUELS ILS ONT ÉTÉ UTILISÉS : IL FAUT TOUJOURS EMPLOYER DES BOUCHONS NEUFS.

Fruits à l'eau-de-vie

À l'exception des pommes, qui d'ailleurs se conservent très bien sur des claies dans une pièce aérée, et des fruits exotiques, la majorité des fruits peut être «mis», comme on le disait autrefois, à l'eau-de-vie.

Il est nécessaire de bien sécher ou d'égoutter, selon le cas, les fruits avant de commencer leur macération. Évitez de les laver à trop grande eau, vous ne ferez que perdre les délicats arômes de certains d'entre eux.

Les bocaux à utiliser sont les mêmes que ceux dont on se sert généralement pour les conserves et leur stérilisation n'est pas utile s'ils ont été correctement lavés et séchés. Vous pouvez aussi privilégier l'aspect esthétique en choisissant des bocaux à bouchon de liège. Dans ce cas, il vaut mieux ébouillanter les bouchons pour éviter tout risque. Les fruits à l'eau-de-vie gagnent à être conservés plusieurs mois avant leur consommation : lorsque les échanges qui doivent se produire entre les fruits, le sucre et l'alcool sont stabilisés, la conservation s'effectuera sans problème d'une année sur l'autre, si ce n'est beaucoup plus longtemps.

Tous les fruits peuvent être conservés dans l'alcool, à l'exception des fraises, qui se désagrègent.

Les cerises à l'eau-de-vie

Ingrédients

1 kg de cerises de Montmorency pas trop mûres et bien saines
1 bâton de cannelle
2 morceaux de macis
1 clou de girofle
200 g de sucre semoule
33 cl d'eau-de-vie de fruit

Ustensiles

Un bocal à conserve d'une contenance de 2 l environ
Une étiquette

Préparation

Mettez les cerises et les épices dans un bocal, versez le sucre puis l'alcool qui doit recouvrir complètement les fruits. Fermez hermétiquement. Le lendemain, remuez le mélange et vérifiez que le sucre est complètement dissous. Laissez les cerises reposer 2 mois au moins, puis retirez les épices pour qu'elles ne donnent pas trop de goût. Étiquetez.

LE RATAFIA AUX QUATRE FRUITS

Ingrédients

1 kg de cerises griottes ou Montmorency
1 kg de groseilles
1 kg de framboises
500 g de mûres
Même volume d'eau-de-vie à 45°
1 bâton de cannelle
125 g de sucre par litre de mélange

Ustensiles

Un pilon et un mortier
Un grand pot en grès
Un tamis ou une mousseline pour filtrer
Trois ou quatre bouteilles avec leurs bouchons, sinon trois ou quatre bouchons de liège et éventuellement de la cire de bouchage
Trois ou quatre étiquettes

Préparation

Lavez tous les fruits. Équeutez et dénoyautez les cerises. Écrasez la moitié de leurs noyaux dans un mortier avec un pilon, puis placez-les dans un grand pot en grès avec les cerises. Égrappez les groseilles et ajoutez-les. Équeutez les framboises et les mûres et mettez-les dans le pot avec les cerises et les groseilles. Écrasez tous les fruits au pilon et laissez-les macérer ainsi de 2 à 3 jours. Passez ensuite la préparation à travers un tamis ou une mousseline.
Ajoutez au jus ainsi recueilli le même volume d'eau-de-vie, la cannelle, ainsi que 125 g de sucre par litre obtenu.
Laissez infuser de 30 à 40 jours, filtrez, mettez en bouteilles, bouchez et étiquetez.

LES POIRES À L'EAU-DE-VIE

Ingrédients

500 g de poires de petite taille
1 citron
300 g de sucre
Eau-de-vie à 45°

Ustensiles

Une casserole
Un bocal à conserve d'une contenance de 2 l environ
Une étiquette

Préparation

Lavez les poires, coupez une partie de la queue et jetez-les dans de l'eau citronnée. Préparez un sirop avec le sucre et 1 l d'eau. À ébullition, mettez-y les poires à cuire doucement jusqu'à ce qu'elles deviennent translucides. Retirez les poires de la casserole à l'aide d'une écumoire et placez-les délicatement dans un bocal. Laissez réduire le sirop jusqu'à obtention du petit boulé. Quand il est tiède, ajoutez-lui la même quantité d'eau-de-vie. Versez la préparation sur les poires. Fermez et étiquetez le bocal et attendez 2 mois avant de l'ouvrir.

LES RAISINS À L'ALCOOL

Ingrédients

500 g de raisin blanc
50 cl d'alcool blanc à 40° ou d'eau-de-vie à 45°
2 gousses de vanille
1 bâton de cannelle
15 clous de girofle
20 g de coriandre

Ustensiles

Un bocal à conserve d'une contenance de 2 l environ
Une petite mousseline pour contenir les épices
Une étiquette

Préparation

Coupez les tiges des grappes de raisin aux ciseaux. Mettez-les dans un bocal puis recouvrez les fruits d'alcool ou d'eau-de-vie. Placez toutes les épices (vanille et cannelle coupées en morceaux) dans un petit sac de mousseline et ajoutez-le à la préparation. Fermez et étiquetez le bocal. La macération doit durer 6 mois au moins.

LES PRUNEAUX ÉPICÉS

Ingrédients

1 kg de pruneaux d'Agen ou de prunes de Touraine
1 l d'eau-de-vie à 45°
1 gousse de vanille
5 clous de girofle
1/2 bâton de cannelle
325 g de sucre

Ustensiles

Un bocal à conserve d'une contenance de 2 l environ
Une étiquette

Préparation

Mettez tous les ingrédients dans un bocal et laissez macérer pendant 1 mois. Étiquetez, vos pruneaux sont prêts.

LE MENDIANT AU WHISKY

Ingrédients

500 g d'un mélange d'abricots et de raisins secs
200 g d'un mélange de cerneaux de noix
75 cl de whisky environ
25 morceaux de sucre

Ustensiles

Un bocal à conserve d'une contenance de 2 l environ
Une étiquette

Préparation

Mettez tous les ingrédients dans un bocal en les disposant par couches et en répartissant le sucre. Laissez macérer pendant 2 mois au moins. Étiquetez.

LES FRUITS QUI NE S'ÉPLUCHENT PAS, COMME LES RAISINS, LES PRUNES OU LES MIRABELLES, DOIVENT ÊTRE PIQUÉS AVEC UNE AIGUILLE POUR MIEUX SE GORGER D'EAU-DE-VIE.

L'EAU-DE-VIE À 45° PEUT ÊTRE AVANTAGEUSEMENT REMPLACÉE PAR DE LA VODKA, ALCOOL QUI A L'AVANTAGE D'ÊTRE PUR ET NEUTRE DE GOÛT.

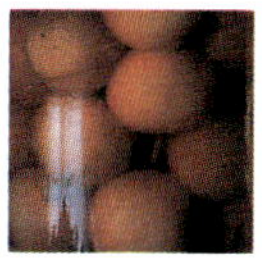

NE JETEZ JAMAIS L'ALCOOL QUI POURRAIT RESTER D'UNE MACÉRATION DE FRUITS : C'EST UNE TRÈS BONNE BASE POUR RECOMMENCER UNE NOUVELLE RECETTE.

L'ALCOOL DE VIEUX GARÇON

Ingrédients

Cette recette se prépare tout au long de l'année et au fur et à mesure de l'apparition des fruits

Ustensiles

Un grand bocal d'une contenance minimale de 1,5 l avec un couvercle

Préparation

Au printemps, mettez 100 g de framboises environ dans un grand bocal avec 1 cuillerée à soupe de sucre. Recouvrez d'eau-de-vie afin que les fruits y baignent bien. Ajoutez ensuite 150 g de cerises équeutées mais non dénoyautées et encore 1 cuillerée à soupe de sucre. Un peu plus tard, recouvrez les cerises avec 100 g d'abricots dénoyautés et coupés en deux ainsi que 2 cuillerées à soupe de sucre. Rajoutez de l'eau-de-vie, de manière que les fruits soient toujours bien couverts. En été, vous ajouterez successivement 4 figues coupées en deux avec 2 cuillerées à soupe de sucre, 3 pêches coupées en quatre et 2 cuillerées à soupe de sucre. Ajoutez de l'eau-de-vie si nécessaire. À l'automne, ajoutez les grains d'une grappe de raisin blanc et d'une grappe de raisin noir avec 2 cuillerées à soupe de sucre. Mettez ensuite 2 poires coupées en quatre et 2 cuillerées à soupe de sucre. Pensez à ajouter de l'eau-de-vie si nécessaire. Vous finirez avec les cerneaux de 6 noix, 1 orange épluchée et coupée en quatre, 2 bâtons de cannelle et 2 cuillerées à soupe de sucre.
Dégustez à Noël et, avec le fond d'alcool restant, recommencez au printemps suivant.

LES CLÉMENTINES CONFITES À L'EAU-DE-VIE

Ingrédients

1 kg de clémentines sans pépins
1 kg de sucre en morceaux
1 litre de cognac, d'eau-de-vie ou de rhum brun

Ustensiles

Une casserole à fond épais
Un grand bocal d'une contenance minimale de 1,5 l

Préparation

Percez les clémentines avec une aiguille, puis faites-les tremper dans de l'eau froide pendant 4 ou 5 jours en changeant l'eau matin et soir. Faites blanchir les fruits 10 minutes dans de l'eau légèrement salée, puis plongez-les dans l'eau froide et égouttez-les. Dans une casserole, préparez un sirop avec un verre d'eau et le sucre. À ébullition, placez-y les clémentines et laissez bouillir 10 minutes. Retirez du feu et laissez macérer une journée. Recommencez l'opération 3 ou 4 fois en surveillant la cuisson pour éviter que le sirop ne devienne du caramel. Laissez refroidir, posez les fruits sur un papier et laissez sécher au soleil. Enfin, placez les clémentines dans un grand bocal et versez l'alcool par-dessus. Bouchez, exposez au soleil et laissez macérer un bon mois avant de goûter.

Boissons rafraîchissantes

Les vins épicés, bières artisanales et hydromel faits à la maison sont dans la grande tradition de ce que l'on appelait encore dans les années 50 les « boissons de ménage », dont les recettes devaient être connues par toute bonne maîtresse de maison. Moins alcoolisées que les apéritifs et autres préparations telles que les liqueurs, elles peuvent être offertes à n'importe quel moment de la journée.

En matière de vins aromatisés d'herbes ou d'épices, toutes les fantaisies sont permises, mais une règle d'or est à respecter : le vin de base doit être de bonne qualité si vous voulez des résultats satisfaisants. Quant aux bières et à l'hydromel, ceux que vous ferez vous-même n'ont pas grand-chose de commun avec les boissons du même nom que l'on trouve dans le commerce, mais elles sont néanmoins des boissons familiales très agréables.

Une idée pour occuper les enfants les jours de pluie : faites-leur dessiner les étiquettes pour vos bouteilles et vos pots de confitures.

En cas de pénurie de mousseline, un filtre à café fera l'affaire. Il aura cependant le défaut de trop filtrer et de retenir de bonnes substances utiles au vieillissement.

Le vin de sauge

Ingrédients

1 l de très bon vin de Bordeaux
Miel liquide (éventuellement)
75 g de feuilles et de fleurs de sauge

Ustensiles

Un bocal à conserve d'une contenance de 1 l
Une mousseline pour filtrer
Une bouteille d'une contenance de 1 l avec son bouchon, sinon un bouchon de liège et éventuellement de la cire de bouchage
Une étiquette

Préparation

Faites macérer les feuilles et les fleurs de sauge dans le vin pendant une huitaine de jours. Filtrez à travers une mousseline, puis mettez en bouteilles, bouchez et étiquetez. Vous boirez ce mélange (que vous pouvez sucrer au miel) dans de petits verres à liqueur.

Le vin de camomille

Ingrédients

1 l de vin blanc un peu liquoreux ou du rosé de Provence
25 cl d'eau-de-vie
250 g de sucre cristallisé ou 250 g de sucre candi
20 têtes de camomille
20 g d'écorces d'orange séchées
1 petit morceau de racine de gentiane
5 clous de girofle

Ustensiles

Un bocal à conserve d'une contenance de 2 à 3 l environ
Une mousseline pour filtrer
Deux ou trois bouteilles avec leurs bouchons, sinon deux ou trois bouchons de liège et éventuellement de la cire de bouchage
Deux ou trois étiquettes

Préparation

Versez le vin et l'alcool dans le bocal; ajoutez le sucre, la camomille, l'écorce d'orange, la gentiane et les clous de girofle. Fermez hermétiquement mais remuez de temps en temps pour aider le sucre à fondre. Il n'est pas nécessaire de remuer si vous avez choisi d'utiliser du sucre candi. Au bout de 8 jours (ou quand le sucre candi est totalement fondu), filtrez le mélange avant d'en remplir les bouteilles. Bouchez et étiquetez en indiquant le millésime, mais attendez encore une quinzaine de jours ou beaucoup plus pour le goûter, votre vin de camomille se bonifiera.

Le vin d'estragon

Ingrédients

50 cl d'alcool à 60°
50 feuilles d'estragon frais
75 cl d'eau
800 g de sucre
2 branches d'estragon
Vin blanc sec

Ustensiles

Un petit bocal à conserve
Une casserole
Une petite mousseline pour filtrer
Deux petites bouteilles avec leurs bouchons, sinon deux petits bouchons de liège et éventuellement de la cire de bouchage
Deux étiquettes

Préparation

Versez l'alcool dans un bocal, puis les feuilles. Fermez hermétiquement le temps de l'infusion, c'est-à-dire 3 ou 4 jours, puis filtrez. Faites un sirop avec l'eau et le sucre. Ajoutez-le à l'alcool parfumé à l'estragon.
Versez le tout dans deux petites bouteilles dans lesquelles vous glisserez une branche d'estragon avant de les boucher et de les étiqueter.
Ce vin se boit très frais, mélangé à du vin blanc sec.

La bière de ménage

Ingrédients

35 l d'eau
70 g de houblon
350 g d'orge
20 g de chicorée
400 g de sucre
30 g de levure de bière

Ustensiles

Deux grandes marmites
Un petit sac en tissu ou en mousseline
Une mousseline pour filtrer
Trente-cinq bouteilles avec leurs bouchons, sinon trente-cinq bouchons de liège et éventuellement de la cire de bouchage
Trente-cinq étiquettes

Préparation

Faites bouillir 10 l d'eau dans une marmite, puis ajoutez le houblon, l'orge et la chicorée enfermés dans un petit sac en tissu. Retirez la marmite du feu, couvrez-la et laissez infuser pendant 30 minutes. Enlevez le sachet et jetez-le dans une autre marmite contenant 25 l d'eau froide. Faites bouillir pendant 2 heures, puis ajoutez le sucre et retirez le récipient du feu. Versez-y l'infusion. Quand le mélange est tiède, ajoutez la levure délayée dans un peu d'infusion. Laissez refroidir le liquide puis filtrez-le et mettez-le en bouteilles. Bouchez, étiquetez et conservez dans un endroit frais.

La bière rapide

Ingrédients

10 l d'eau
30 g de cônes de houblon bien mûrs
500 g de mélasse
25 g de levure de bière

Ustensiles

Deux grandes marmites
Un petit tonneau
Une dizaine de bouteilles avec leurs bouchons, sinon une dizaine de bouchons de liège et éventuellement de la cire de bouchage
Une dizaine d'étiquettes

Préparation

Portez à ébullition 2 l d'eau et faites-y infuser le houblon pendant 30 minutes. Retirez le houblon et passez-le au tamis. Dans l'eau d'infusion, délayez la mélasse. Plongez les cônes de houblon dans 1 litre d'eau bouillante pendant 30 minutes. Versez les deux infusions dans un petit tonneau et ajoutez-y la levure délayée dans 1 verre d'eau. Recouvrez des 7 l d'eau restants et laissez fermenter pendant 5 ou 6 jours. Quand il n'y a plus de formation d'écume, vous pouvez mettre en bouteilles en ajoutant dans chacune d'elles 1 cuillerée à café de mélasse ou de sucre. La bière refermentera et deviendra mousseuse et pétillante. Bouchez et conservez dans une pièce fraîche.

SEER
SEER

La menthe ajoutée au kwas donnera une boisson plus tonique, tandis que les raisins secs accentueront son caractère épicé.

Dans la recette du kwas, le pain de seigle peut être remplacé par du pain de son, voire tous autres restes de pain, à l'exception du pain blanc. Les Russes, eux, y ajoutent même de l'orge.

LE KWAS

Ingrédients

1 kg de pain de seigle rassis
10 l d'eau
200 g de farine de seigle
15 g de levure
50 g de raisins secs ou quelques feuilles de menthe
250 g de sucre

Ustensiles

Un grille-pain
Un pilon
Une grande marmite
Une mousseline pour filtrer
Une dizaine de bouteilles avec leurs bouchons, sinon une dizaine de bouchons de liège et éventuellement de la cire de bouchage
Une dizaine d'étiquettes

Préparation

Faites griller les tranches de pain, puis écrasez-les au pilon jusqu'à les réduire en chapelure. Versez 8 l d'eau dans une grande marmite, ajoutez la chapelure et portez à ébullition. Préparez une bouillie avec la farine et 2 l d'eau et faites-la bouillir. Versez-la ensuite dans la marmite, retirez celle-ci du feu mais gardez-la au chaud pendant 24 heures. Quand le mélange est tiède, ajoutez la levure délayée dans de l'eau et brassez fortement avec une grande cuiller en bois. Laissez fermenter pendant 24 heures avant de filtrer. Versez le kwas dans des bouteilles garnies de raisins secs ou de feuilles de menthe, ajoutez 25 g de sucre par bouteille. Bouchez, étiquetez et conservez au frais de 3 à 4 semaines.

LE VIN DE CHICORÉE

Ingrédients

1 l de bon vin rouge
35 morceaux de sucre
4 cuillerées à café de chicorée
1 orange
1 citron
20 cl de vodka

Ustensiles

Un grand bocal qui puisse être fermé
Une mousseline pour filtrer
Deux ou trois bouteilles avec leurs bouchons, sinon deux ou trois bouchons de liège et éventuellement de la cire de bouchage
Deux ou trois étiquettes

Préparation

Mettez le vin, le sucre et la chicorée dans un bocal. Lavez l'orange et le citron, retirez soigneusement leurs zestes et mettez-les dans la préparation. Laissez reposer quelques heures en remuant pour aider le sucre à se dissoudre. Fermez le bocal et laissez macérer pendant au moins 2 jours. Filtrez à travers une mousseline, puis ajoutez la vodka. Mettez en bouteilles, bouchez et étiquetez.

Dans beaucoup de pays, on continue à boire le miel plutôt qu'à le manger. Ce fut le cas en France, où, jusqu'au XVIIIe siècle, l'hydromel faisait partie des boissons usuelles, car toutes les maisons à la campagne possédaient au moins une ruche. Il existe d'ailleurs deux sortes d'hydromels : celui que l'on appelle l'hydromel simple, qui n'est qu'une dissolution de miel dans environ dix fois son poids d'eau, et qui n'est donc pas alcoolisé. On peut aussi obtenir de l'hydromel vineux qui, lui, est fermenté, et est donc une boisson alcoolisée. Chez les Grecs, sous le nom de *mélicraton*, et chez les Romains, sous le nom de *aqua mulsa*, l'hydromel, qui dans bien des cas remplaçait le vin, avait un caractère sacré, de même que chez les Scandinaves qui lui attribuaient rien de moins qu'une grande part dans l'invention de la poésie ! L'expression « lune de miel », effectivement très poétique, vient d'ailleurs de l'hydromel particulier que l'on préparait dans ces pays à l'occasion des mariages. C'est une sympathique tradition à conserver que d'élaborer une cuvée spéciale pour un tel événement.

Une recette très ancienne d'hydromel consistait à mélanger dans une grande marmite du miel et huit fois son poids d'eau, auxquels on ajoutait de la cire et du couvain, c'est-à-dire la partie des rayons qui, dans la ruche, contient les œufs et les larves des abeilles. Au cours d'une ébullition qui durait deux heures, on écumait la cire qui surnageait, puis on laissait refroidir le mélange. Dans un pot bouché, on laissait fermenter pendant une bonne quinzaine de jours et, après avoir filtré, on pouvait y ajouter toutes sortes d'épices plus ou moins fortes, y compris quelquefois de l'encens, qui, bien souvent, servaient à masquer les défauts de goût plutôt qu'à créer véritablement une boisson originale.

L'HYDROMEL

Ingrédients

2,5 l de miel liquide
7,5 l d'eau
5 g d'acide tartrique
1 g de nitrate de bismuth
5 g de pollen

Ustensiles

Une bonbonne en verre d'une contenance de 10 l
Un torchon
Du sable
Une dizaine de bouteilles avec leurs bouchons, sinon une dizaine de bouchons de liège et éventuellement de la cire de bouchage
Une dizaine d'étiquettes

Préparation

Délayez le miel dans l'eau, puis ajoutez l'acide tartrique, le nitrate de bismuth et le pollen mélangé à un peu d'eau.
Placez la bonbonne contenant la préparation à une température d'environ 25 °C, après l'avoir fermée d'un linge mouillé recouvert de sable humide. La fermentation demande plusieurs mois.
Quand elle est achevée, le liquide est clair et vous pouvez le mettre en bouteilles. Bouchez et étiquetez.

BOISSON CLASSIQUE, ET MÊME UN PEU MYTHIQUE, BEAUCOUP DE CIVILISATIONS ONT BU LE MIEL SOUS FORME D'HYDROMEL BIEN AVANT DE LE MANGER.

LE GARDE-MANGER DE LA CUISINE

✦

Confitures, marmelades et gelées

Vinaigres

Achards et condiments

Sucreries et biscuits

Bonbons

✦

Confitures, marmelades et gelées

Faire des confitures, c'est tout à la fois le plaisir d'emprisonner un peu du soleil de l'été, la satisfaction de ne rien perdre d'une période de l'année durant laquelle les fruits sont là en abondance et, enfin et surtout, l'agréable sensation de constituer des réserves pour l'hiver. Il n'est rien de plus satisfaisant que de pouvoir admirer des rangées de pots de confitures, toutes faites à la maison.

Ce que l'on appelle les confitures sont des fruits entiers ou coupés en morceaux qui cuisent dans un sirop de sucre. La marmelade se prépare avec des fruits qui ont macéré au moins une nuit dans du sucre, celui-là même qui servira à leur cuisson. Quant à la gelée, elle s'obtient à partir du jus, sans qu'il ne subsiste aucun morceau.

À LA DIFFÉRENCE DES AUTRES FRUITS, LA FRAISE REMONTE À LA SURFACE : LAISSEZ DONC TIÉDIR VOTRE CONFITURE DANS LA BASSINE AVANT DE LA METTRE EN POTS.

LA CONFITURE DE FRAISES

Ingrédients

1 kg de fraises
1 kg de sucre cristallisé
1 verre d'eau

Ustensiles

Une passoire à gros trous
Une bassine à confitures
Des pots à confitures
De la paraffine ou du film alimentaire transparent
Des carrés de tissu pour recouvrir les pots
Des élastiques
Des étiquettes

Préparation

Placez les fraises dans une passoire à gros trous et lavez-les en les passant sous l'eau froide. Égouttez-les bien avant de les équeuter. Mettez le sucre et l'eau dans une bassine à confitures et faites cuire ce sirop jusqu'au petit perlé. Jetez-y les fraises, mélangez pendant 20 minutes : en principe, il se forme beaucoup d'écume, et il faut en retirer un maximum. Mettez en pots et laissez refroidir avant de couvrir de paraffine ou de film alimentaire, puis ajoutez un carré de tissu que vous ferez tenir par un élastique. Étiquetez.

Les fruits pauvres en pectine ne peuvent donner des gelées. La pectine est une substance naturelle, présente dans les fruits, qui se gélifie pendant la cuisson. Parmi les fruits riches en pectine, on trouve le cassis, le citron et les agrumes d'une manière générale, le coing, la groseille, les pommes ou les prunes. Les fruits pauvres en pectine sont la cerise, la framboise, la pêche, la poire, la fraise. Le sucre spécial pour confitures contient de la pectine et présente l'avantage d'une cuisson beaucoup plus rapide. Il est cependant complètement inutile avec les fruits riches en pectine.

Il faut savoir que, si vous ne pouvez pas faire autrement, il est tout à fait possible de faire cuire des confitures au four à micro-ondes. Dans ce cas, couvrez bien vos pots, mettez les deux par deux et, selon la puissance de votre appareil, faites-les cuire entre cinq et dix minutes.

Lavez bien et ébouillantez les pots que vous allez utiliser. Vous les laisserez sécher à l'envers sur un torchon propre pendant que vous ferez vos confitures. À moins d'avoir une famille nombreuse, n'en choisissez pas de trop grands car, lorsqu'ils sont entamés, la confiture a tendance à sécher sur les bords. Bien qu'elle préserve très bien d'une éventuelle moisissure, la paraffine n'a rien d'obligatoire, vous obtiendrez aussi de bons résultats avec du film alimentaire transparent. Enfin, pensez à écrire vos étiquettes avant de les mettre sur les pots et, si vous n'avez pas de colle sous la main, fixez-les à l'aide de blanc d'œuf mélangé à du sucre glace.

LA CONFITURE DE CAROTTES

Ingrédients

1 kg de carottes
1 kg de sucre cristallisé
2 verres d'eau
4 citrons

Ustensiles

Une casserole
Une bassine à confitures
Des pots à confitures
De la paraffine ou du film alimentaire transparent
Des carrés de tissu pour recouvrir les pots
Des élastiques
Des étiquettes

Préparation

Lavez et grattez les carottes, puis coupez-les en rondelles. Faites-les cuire pendant 30 minutes dans très peu d'eau avant de les réduire en purée. Mettez le sucre et l'eau dans une bassine à confitures avec les zestes des citrons coupés en fines lamelles et faites cuire au petit boulé. Versez la purée de carottes et le jus des citrons dans ce sirop. Faites cuire pendant 20 minutes en remuant. Mettez en pots, laissez refroidir, couvrez et étiquetez.

LA CONFITURE DE CHÂTAIGNES

Ingrédients

2 kg de grosses châtaignes
1,5 kg de sucre cristallisé
1 gousse de vanille
2 verres d'eau

Ustensiles

Une grande casserole
Un moulin à légumes
Une bassine à confitures
Des pots à confitures
De la paraffine ou du film alimentaire transparent
Des carrés de tissu pour recouvrir les pots
Des élastiques
Des étiquettes

Préparation

Incisez les châtaignes, mettez-les dans une casserole et couvrez d'eau froide. Faites bouillir de 5 à 10 minutes. Retirez les châtaignes, ôtez leurs deux peaux et jetez-les au fur et à mesure dans une casserole d'eau tiède. Couvrez-la et laissez cuire pendant 25 minutes pour que les fruits s'écrasent sous les doigts. Passez-les au moulin à légumes et maintenez cette purée tiède. Faites un sirop au petit perlé dans une bassine à confitures avec le sucre et l'eau. Ajoutez la purée et faites chauffer doucement sans cesser de remuer. Laissez bouillir pendant 20 minutes : la pâte doit être épaisse et d'une couleur proche du marron. Mettez en pots et laissez refroidir avant de couvrir. Étiquetez.

LA CONFITURE DE FRAMBOISES

Ingrédients

2 kg de framboises
2 grandes cuillerées à soupe de jus de citron
2 kg de sucre

Ustensiles

Une bassine à confitures
Des pots à confitures
De la paraffine ou du film alimentaire transparent
Des carrés de tissu pour recouvrir les pots
Des élastiques
Des étiquettes

Préparation

Lavez et équeutez les fruits. Mettez les framboises dans une bassine à confitures, faites-les cuire doucement jusqu'à ce que le jus s'en échappe. Ajoutez le jus de citron et laissez mijoter en remuant souvent jusqu'à ce que les fruits soient tendres. Ajoutez le sucre en remuant pour le dissoudre et portez à ébullition. Cuisez à feu vif pendant 10 minutes jusqu'à ce que la confiture prenne. Mettez en pots et laissez refroidir avant de couvrir de paraffine ou de film alimentaire, puis ajoutez un carré de tissu que vous ferez tenir par un élastique. Étiquetez.

LA MARMELADE DE RHUBARBE

Ingrédients

1 kg de rhubarbe
1 kg de sucre

Ustensiles

Une terrine ou un récipient pouvant être couvert
Une bassine à confitures
Des pots à confitures
De la paraffine ou du film alimentaire transparent
Des carrés de tissu pour recouvrir les pots
Des élastiques
Des étiquettes

Préparation

Épluchez et lavez très soigneusement la rhubarbe et coupez-la ensuite en petits tronçons. Placez-la dans une terrine avec le sucre et laissez macérer toute une nuit. Égouttez ensuite le jus et mettez-le à cuire. Lorsqu'il commence à épaissir, ajoutez la rhubarbe. Faites cuire pendant 10 minutes à la nappe en écumant de temps en temps. Mettez en pots et laissez refroidir avant de couvrir de paraffine ou de film alimentaire, puis ajoutez un carré de tissu que vous ferez tenir par un élastique. Étiquetez.
La rhubarbe étant un fruit très acide, vous pourrez préférer ajouter à cette recette un peu plus de sucre qu'il n'est indiqué. Ne dépassez pas cependant la proportion de 1,3 kg ou de 1,4 kg de sucre pour 1 kg de rhubarbe.

LA CONFITURE DE RHUBARBE AU GINGEMBRE

Ingrédients

1,7 kg de rhubarbe épluchée
1,5 l d'eau
1 citron
1 morceau de racine de gingembre frais de 5 cm de long, pilé et écrasé
1,4 kg de sucre
100 g de gingembre confit finement haché

Ustensiles

Une bassine à confitures
Des pots à confitures
De la paraffine ou du film alimentaire transparent
Des carrés de tissu pour recouvrir les pots
Des élastiques
Des étiquettes

Préparation

Coupez la rhubarbe en morceaux de 3 cm de long environ et mettez-les avec l'eau et le jus du citron dans une bassine à confitures. Portez à ébullition, ajoutez la racine de gingembre et laissez frémir doucement jusqu'à ce que la rhubarbe soit tendre. Retirez le morceau de gingembre. Ajoutez le sucre et remuez jusqu'à sa complète dissolution. Ajoutez le gingembre confit, puis amenez le tout à ébullition et laissez cuire à feu vif de 10 à 15 minutes jusqu'à ce que la confiture prenne. Mettez en pots et laissez refroidir avant de couvrir de paraffine ou de film alimentaire, puis ajoutez un carré de tissu que vous ferez tenir par un élastique. Étiquetez.

LA CONFITURE DE FIGUES

Ingrédients

1 kg de petites figues vert clair
500 g de sucre cristallisé
2 verres d'eau
1 gousse de vanille

Ustensiles

Une bassine à confitures
Des pots à confitures
De la paraffine ou du film alimentaire transparent
Des carrés de tissu pour recouvrir les pots
Des élastiques
Des étiquettes

Préparation

Choisissez des fruits bien parfumés. Coupez simplement les queues et essuyez-les. Mettez le sucre et l'eau dans une bassine à confitures pour faire un sirop. Lorsqu'il commence à perler (au bout de 10 minutes environ), ajoutez les figues et la vanille. Laissez cuire jusqu'à ce que la préparation soit revenue au petit perlé. Mettez en pots et laissez refroidir avant de couvrir de paraffine ou de film alimentaire. Étiquetez.

FRAMBOISES ET FRAISES DES BOIS SONT DES FRUITS FRAGILES, IL EST PRÉFÉRABLE D'ÉVITER DE LES LAVER.

D'UNE MANIÈRE GÉNÉRALE, LAVEZ LES FRUITS AVANT DE LES ÉQUEUTER ET DE LES COUPER EN MORCEAUX.

TOUS LES TERMES SPÉCIFIQUES LIÉS AUX DIFFÉRENTS STADES DE LA CUISSON DU SUCRE SONT EXPLIQUÉS EN DÉTAIL PAGE 140.

LA CONFITURE DE MANDARINES

Ingrédients

1 kg de mandarines à peau fine
850 g de sucre cristallisé
1 verre d'eau

Ustensiles

Une casserole
Une passoire
Un petit sac de mousseline ou de tissu fin
Une bassine à confitures
Des pots à confitures
De la paraffine ou du film alimentaire transparent
Des carrés de tissu pour recouvrir les pots
Des élastiques
Des étiquettes

Préparation

Épluchez les mandarines et jetez les écorces dans une bassine d'eau bouillante. Laissez bouillir pendant 5 minutes. Égouttez les écorces dans une passoire et découpez-les aux ciseaux en fines lamelles. Ôtez toutes les fibres blanches adhérant à la pulpe des mandarines et séparez les quartiers. Retirez-en les pépins et enfermez-les dans un petit sac de mousseline. Préparez le même poids de sucre que celui des quartiers de fruits et versez-le dans une bassine à confitures avec le verre d'eau. Portez à ébullition et, quand le sirop bout très fort, jetez-y les mandarines, les écorces et le sachet de pépins. Laissez bouillir pendant 45 minutes. Lorsque le sirop est à la nappe, enlevez le sachet de pépins et remuez bien. Mettez en pots, laissez refroidir, couvrez et étiquetez.

SI LE DESSUS DE LA CONFITURE EST UN PEU MOISI, RETIREZ LA PARTIE ABÎMÉE ET FAITES RECUIRE LE RESTE QUELQUES MINUTES.

SI LE CONTENU DU POT S'EST CRISTALLISÉ, FAITES RECUIRE LA CONFITURE UNE DIZAINE DE MINUTES AVEC UN PEU DE JUS DE CITRON.

LA MARMELADE DE PAMPLEMOUSSES

Ingrédients

4 pamplemousses
1 kg d'oranges
1 kg de sucre en morceaux

Ustensiles

Un presse-citron
Une bassine à confitures
Des pots à confitures
De la paraffine ou du film alimentaire transparent
Des carrés de tissu pour recouvrir les pots
Des élastiques
Des étiquettes

Préparation

Épluchez les pamplemousses en enlevant bien la sous-peau blanche qui est amère. Coupez-les en tranches fines et recoupez les tranches en deux. Pressez le jus des oranges et versez-le dans une bassine à confitures. Faites-y fondre le sucre et, lorsque la préparation arrive à ébullition, ajoutez les pamplemousses. Laissez bouillir pendant 20 minutes en remuant. Mettez en pots, couvrez et étiquetez.

LA CONFITURE HIVERNALE

Ingrédients

150 g de raisins secs
1 petit bol de rhum brun
3 oranges
1 pamplemousse
1 citron
500 g de poires
500 g de pommes
1 kg de potiron
2,2 kg de sucre

Ustensiles

Un hachoir à main ou électrique
Une casserole avec un couvercle
Une bassine à confitures
Des pots à confitures
De la paraffine ou du film alimentaire transparent
Des carrés de tissu pour recouvrir les pots
Des élastiques
Des étiquettes

Préparation

Mettez les raisins secs à macérer dans le bol de rhum. Nettoyez soigneusement les agrumes en les brossant sous l'eau tiède, puis hachez-les finement en recueillant le jus qui s'écoule. Mettez le tout dans une casserole avec 1 l d'eau et laissez bouillir doucement à couvert pendant une trentaine de minutes. Pendant ce temps, épluchez et épépinez les autres fruits, puis coupez-les en morceaux. Mettez-les dans une bassine à confitures avec les agrumes et leur eau de cuisson, puis ajoutez le sucre. Laissez bouillir à feu doux pendant 40 minutes et jetez-y les raisins et le rhum. Remuez bien, mettez en pots, couvrez et étiquetez.

LE MIEL DE POIRES

Ingrédients

1 kg de poires pas très mûres
500 g de sucre

Ustensiles

Une râpe
Une bassine à confitures
Des pots à confitures
De la paraffine ou du film alimentaire transparent
Des carrés de tissu pour recouvrir les pots
Des élastiques
Des étiquettes

Préparation

Lavez les poires et ôtez les queues, le cœur et les pépins, mais ne les épluchez pas. Râpez les fruits et ajoutez le sucre au fur et à mesure. Mettez cette préparation dans une bassine à confitures et faites cuire doucement pendant 1 heure environ en remuant souvent. Mettez en pots, couvrez et étiquetez.
Cette marmelade a un aspect et un goût extrêmement proches du miel.

LA CONFITURE D'OR

Ingrédients

2 oranges
1 pamplemousse
1 citron
1 citron vert
4 clémentines
1,6 kg de sucre en poudre

Ustensiles

Un petit sac de mousseline ou de tissu fin
Un hachoir à main ou électrique
Une bassine à confitures
Des pots à confitures
De la paraffine ou du film alimentaire transparent
Des carrés de tissu pour recouvrir les pots
Des élastiques
Des étiquettes

Préparation

Lavez les fruits en les brossant sous l'eau chaude. Coupez-les grossièrement avec leur peau et récupérez les pépins que vous glisserez le petit sac en mousseline. Hachez ensuite vos agrumes en recueillant bien tout le jus qui en coule. Mettez-les dans une bassine à confitures avec le sachet de pépins et 1,5 l d'eau. Laissez bouillir pendant une vingtaine de minutes puis ajoutez le sucre et faites cuire encore pendant 45 minutes. Remuez et écumez de temps en temps. Mettez en pots, couvrez et étiquetez.

LA CONFITURE DE BANANES

Ingrédients

2 citrons
1 kg de bananes bien mûres
700 g de sucre en morceaux
1 gousse de vanille
1 verre à liqueur de rhum

Ustensiles

Une casserole
Une bassine à confitures
Des pots à confitures
De la paraffine ou du film alimentaire transparent
Des carrés de tissu pour recouvrir les pots
Des élastiques
Des étiquettes

Préparation

Lavez et brossez les citrons sous l'eau tiède, puis râpez les zestes et pressez les fruits pour en recueillir le jus. Mettez ensuite les zestes dans une casserole, recouvrez d'eau et faites bouillir pendant 10 minutes. Pelez les bananes, coupez-les en rondelles et arrosez-les avec le jus des citrons. Mettez le sucre et 1 verre d'eau dans une bassine à confitures et faites un sirop de sucre. Quand de grosses bulles se forment à la surface, jetez-y les bananes, les zestes et la gousse de vanille fendue. Laissez cuire pendant 20 minutes environ, puis ajoutez le verre de rhum. Retirez la gousse de vanille, mettez en pots, couvrez et étiquetez.

Le contenant est presque aussi important que le contenu. Faites de belles étiquettes sur lesquelles vous indiquez le nom de votre maison et l'année.

LA GELÉE DE GROSEILLE FRAMBOISÉE

Ingrédients

1 kg de groseilles rouges
500 g de groseilles blanches
500 g de framboises
1/2 verre d'eau
Sucre

Ustensiles

Une bassine à confitures
Un moulin à légumes
Un tamis ou un torchon qui pourra être passé à l'eau de Javel après utilisation
Des pots à confitures
De la paraffine ou du film alimentaire transparent
Des carrés de tissu pour recouvrir les pots
Des élastiques
Des étiquettes

Préparation

Lavez les groseilles et égrenez-les. Placez-les dans une bassine à confitures avec les framboises équeutées et 1/2 verre d'eau. Mettez la bassine à feu doux en remuant et en écrasant tous les fruits avec une spatule en bois. Au bout de 5 minutes, passez les fruits au moulin à légumes avec une grille très fine. Filtrez le jus à travers un tamis ou un torchon. Pesez le jus obtenu et et mettez-le dans une bassine à confitures avec son poids de sucre. Portez très doucement à ébullition tout en remuant. Celle-ci doit durer très précisément 3 minutes. Mettez en pots, laissez refroidir, couvrez et étiquetez.

Les gelées bien brillantes doivent aussi être «cassantes» pour plaire aux vrais amateurs de ce type de confitures.

LA GELÉE D'ABRICOT

Ingrédients

1 kg d'abricots bien mûrs
1 kg de sucre

Ustensiles

Un moulin à légumes
Une bassine à confitures
Des pots à confitures
De la paraffine ou du film alimentaire transparent
Des carrés de tissu pour recouvrir les pots
Des élastiques
Des étiquettes

Préparation

Dénoyautez les abricots, puis passez-les au moulin à légumes. Mettez cette purée dans une bassine à confitures avec le sucre. Portez à ébullition et laissez bouillir pendant 15 minutes sans cesser de remuer en écumant de temps en temps. Si votre cuisson est bonne, une goutte de gelée tombée sur une assiette doit se figer tout de suite. Mettez en pots, laissez refroidir, couvrez et étiquetez.

LA GELÉE DE FRUITS ROUGES

Ingrédients

1 kg de cassis
500 g de groseilles à maquereau
250 g de groseilles rouges
250 g de framboises
Sucre cristallisé

Ustensiles

Une bassine à confitures
Un tamis ou un torchon qui pourra être passé à l'eau de Javel après utilisation
Des pots à confitures
De la paraffine ou du film alimentaire transparent
Des carrés de tissu pour recouvrir les pots
Des élastiques
Des étiquettes

Préparation

Lavez les fruits sans égrener les cassis et les groseilles rouges. Mettez-les dans une bassine à confitures avec 1 verre d'eau et portez à ébullition afin que les fruits éclatent et rendent leur jus. Passez à travers un tamis et ajoutez son poids de sucre au jus recueilli. Faites bouillir à nouveau pendant une quinzaine de minutes. Mettez en pots, couvrez et étiquetez.

La gelée de groseille

Ingrédients

500 g de groseilles rouges
500 g de groseilles blanches
1/4 de verre d'eau
1 kg de sucre

Ustensiles

Une bassine à confitures
Un tamis ou un torchon qui pourra être passé à l'eau de Javel après utilisation
Une terrine ou un grand saladier
Des pots à confitures
De la paraffine ou du film alimentaire transparent
Des carrés de tissu pour recouvrir les pots
Des élastiques
Des étiquettes

Préparation

Lavez les groseilles, mais ne les égrenez pas. Mettez-les dans une bassine à confitures avec l'eau et placez-la sur feu doux de 8 à 10 minutes pour faire éclater les fruits. Versez ce mélange sur un tamis ou un torchon posé sur une terrine et pressez bien les fruits pour exprimer le plus de jus possible. Placez le jus dans une bassine à confitures avec le sucre et portez doucement à ébullition en remuant souvent pour une cuisson régulière du sirop. Laissez l'ébullition se poursuivre pendant 3 minutes exactement tout en écumant. Mettez en pots, laissez refroidir, couvrez et étiquetez.

La gelée de coing et de pomme

Ingrédients

2 beaux coings
4 pommes
Sucre

Ustensiles

Une bassine à confitures
Un tamis
Une terrine ou un grand saladier
Des pots à confitures
De la paraffine ou du film alimentaire transparent
Des carrés de tissu pour recouvrir les pots
Des élastiques
Des étiquettes

Préparation

Essuyez bien les coings pour en enlever le duvet, mais n'enlevez ni la peau ni les pépins et coupez-les en quartiers. Lavez les pommes et coupez-les aussi en quartiers en laissant la peau et les pépins. Mettez les fruits dans une bassine à confitures en les mouillant d'eau froide et faites-les cuire pendant 15 minutes pour qu'ils soient bien tendres. Versez-les ensuite avec leurs jus sur un tamis posé sur une terrine. Laissez égoutter. Versez le jus recueilli avec son poids de sucre dans une bassine à confitures. Mélangez et faites bouillir sans oublier d'écumer. Faites cuire pendant 1 heure jusqu'à ce que la cuisson soit à la nappe. Mettez en pots, laissez refroidir, couvrez et étiquetez.
Selon votre goût, vous pouvez mettre soit plus de coings soit plus de pommes.

La gelée de rose

Ingrédients

500 g de pétales de roses
3 citrons
750 g de sucre en morceaux

Ustensiles

Un saladier
Une bassine à confitures
Des pots à confitures
De la paraffine ou du film alimentaire transparent
Des carrés de tissu pour recouvrir les pots
Des élastiques
Des étiquettes

Préparation

Faites macérer les pétales de roses toute une nuit dans 50 cl d'eau froide. Le lendemain, pressez les citrons et mettez le sucre dans une bassine à confitures. Mouillez-le avec 1 verre d'eau et portez à ébullition jusqu'à obtention d'un sirop translucide à la surface duquel éclatent de grosses bulles. Ajoutez alors les pétales et leur jus de macération ainsi que le jus des citrons. Laissez cuire pendant 30 minutes. Mettez en pots, couvrez et étiquetez.

Le miel de lait

Ingrédients

1 l de lait frais entier
500 g de cassonade
1 gousse de vanille
2 clous de girofle
3 cuillerées à soupe de rhum brun

Ustensiles

Une cocotte en fonte à fond épais
Des pots à confitures
De la paraffine ou du film alimentaire transparent
Des carrés de tissu pour recouvrir les pots
Des élastiques
Des étiquettes

Préparation

Mélangez le lait, la cassonade, la gousse de vanille fendue et les clous de girofle dans une cocotte et portez à ébullition. Laissez cuire pendant 1 heure environ en remuant de temps en temps. Vers la fin de la cuisson, le mélange a tendance à faire de tout petits grumeaux, mais ils disparaîtront ensuite. Retirez du feu, enlevez la gousse de vanille et les clous de girofle, puis ajoutez le rhum. Mélangez bien avant de mettre en pots, couvrez et étiquetez.

Framboises et poires peuvent s'utiliser avant maturité complète ; en revanche, abricots et groseilles doivent être à point.

Pour que la gelée de coing reste blanche, ajoutez le jus de deux citrons par litre de jus de coing.

Étalé sur du pain frais, le miel de lait fera les délices des enfants au moment du goûter.

GRAND
CHATEAU POUJEAUX
MOULIS-MEDOC

Vinaigres

Étymologiquement, le vinaigre n'est autre qu'un « vin aigre », mais, par habitude, il désigne aussi d'autres liquides fermentés qui sont préparés à partir de cidre, de malt, de riz, de miel ou même de lait.

Le vinaigre de vin peut aussi être aromatisé de toutes les manières possibles : herbes fraîches ou sèches, échalote, noix muscade, clous de girofle... Mettez les ingrédients de votre choix à mariner durant trois ou quatre semaines puis filtrez, mettez en bouteilles et protégez de la lumière. Il est également fréquent d'introduire les épices directement dans la bouteille et de les y laisser en permanence. Mais, dans ce cas, il vous faudra installer un bouchon verseur qui fera office de filtre. Ce genre de traitement est bien entendu applicable aux huiles d'arachide ou d'olive.

Vous pouvez aussi choisir de mettre des fleurs – roses, capucines, violettes –, des fruits – framboises, myrtilles, citrons, abricots. Dans ce cas, utilisez plutôt des vinaigres blancs qui prendront la couleur de la fleur ou du fruit. Pour obtenir les meilleurs résultats, laissez macérer les fruits dans le vinaigre pendant plusieurs jours dans un endroit chaud. Filtrez ensuite le vinaigre, versez-le dans une casserole et, au-dessus de celle-ci, exprimez les fruits pour en obtenir le maximum de pulpe. Ajoutez une cuillerée à café de sucre et faites bouillir durant une dizaine de minutes. Laissez refroidir et mettez en bouteilles. Préparez de petites quantités à la fois et ne gardez pas trop longtemps une bouteille de vinaigre entamée.

La qualité du vinaigre dépend du produit utilisé au départ et de la nature du bois du tonnelet dans lequel il se fabrique.

Le vinaigre de vin

Ingrédients

2 ou 3 l de vin ordinaire blanc ou rouge

Ustensiles

Un petit baril ou une dame-jeanne

Préparation

Placez le baril rempli de vin dans un endroit tiède. Quand le vin est aigri, ajoutez du vin de temps en temps. Une lie épaisse se formera, la « mère » ; le vinaigre est prêt et se gardera des années. Rajoutez régulièrement du vin. Si la mère grossit trop, retirez-la et n'en remettez qu'une partie.

LE VINAIGRE DE CIDRE

Ingrédients

Épluchures, pépins et morceaux de pommes non utilisés dans une tarte aux pommes ou une gelée de pomme

Ustensiles

Un pot ou un saladier en terre
Une mousseline pour filtrer
Des bouteilles avec leurs bouchons, sinon des bouchons de liège et éventuellement de la cire de bouchage
Des étiquettes

Préparation

Remplissez un pot en terre avec tous les déchets de pommes et recouvrez-les d'eau. Couvrez avec un torchon, la fermeture ne doit pas être hermétique. Au bout de 1 à 3 semaines, selon la température, la «mère» se forme à la surface. L'eau est devenue un excellent vinaigre. Filtrez, mettez en bouteilles, bouchez et étiquetez.

LE VINAIGRE DE ROSES

Ingrédients

300 g de pétales de roses rouges bien sains
3 l de vin blanc
Quelques boutons de roses

Ustensiles

Un pot en grès pouvant être bouché ou un grand bocal
Un tamis
Une mousseline pour filtrer
Trois ou quatre bouteilles avec leurs bouchons, sinon trois ou quatre bouchons de liège et éventuellement de la cire de bouchage
Trois ou quatre étiquettes

Préparation

Faites macérer les pétales dans le vin blanc dans un pot en grès pendant 1 mois. Passez à travers un tamis en appuyant très fort sur les pétales, puis filtrez à l'aide d'une mousseline. Versez dans les bouteilles dans lesquelles vous pourrez placer des boutons de roses. Bouchez et étiquetez.

LE VINAIGRE ESTRAGONNÉ

Ingrédients

3 l de vinaigre
3 gousses d'ail
10 grains de poivre
20 semences de fenouil
1 gros bouquet d'estragon
Quelques belles petites branches d'estragon

Ustensiles

Un pot en grès pouvant être bouché ou un grand bocal
Une mousseline pour filtrer
Trois ou quatre bouteilles avec leurs bouchons, sinon trois ou quatre bouchons de liège et éventuellement de la cire de bouchage
Trois ou quatre étiquettes

Préparation

Versez le vinaigre dans le pot. Ajoutez l'ail, le poivre et le fenouil, puis le bouquet d'estragon et couvrez. Laissez reposer une quinzaine de jours : le vinaigre va confire les aromates. Filtrez et mettez en bouteilles avec 1 branche d'estragon dans chacune d'elles. Bouchez et étiquetez.

LE VINAIGRE DE MIEL

Ingrédients

1 kg de miel
6 l d'eau
1 croûte de pain
1 cuillerée de levure

Ustensiles

Un vinaigrier ou un très grand bocal
Des bouteilles avec leurs bouchons, sinon des bouchons de liège et éventuellement de la cire de bouchage
Des étiquettes

Préparation

Mélangez le miel et l'eau dans un vinaigrier et ajoutez-y la croûte de pain et la cuillerée de levure, cela activera la fermentation. Pour que celle-ci se produise rapidement, gardez votre vinaigrier dans un endroit chaud. Attendez la clarification du vinaigre pour le consommer, puis mettez en bouteilles, bouchez et étiquetez.

LE VINAIGRE DE LAIT

Ingrédients

2 l de lait entier

Ustensiles

Un grand plat creux
Une mousseline pour filtrer
Une bouteille avec son bouchon, sinon un bouchon de liège et éventuellement de la cire de bouchage
Une étiquette

Préparation

Mettez le lait dans un plat creux et laissez-le cailler spontanément. Prélevez ensuite le petit-lait aigri, laissez-le décanter et filtrez-le à travers une mousseline. Placez ce petit-lait dans un récipient pour qu'il fermente. Au bout de quelques jours à une semaine, selon la température, il s'est acidifié : c'est le vinaigre de lait. Mettez en bouteille, bouchez et étiquetez.
Ce vinaigre est excellent dans les sauces de salade et accompagne particulièrement bien les salades de haricots verts frais ou de tomates.

LE VINAIGRE DE ROSES APPORTE UNE SAVEUR DIFFÉRENTE AUX SALADES ESTIVALES, NOTAMMENT CELLES QUI SONT À BASE DE RIZ.

LE VINAIGRE DE CIDRE S'UTILISE POUR LES CONSERVES DE FRUITS ET AUSSI POUR DÉGLACER LES SUCS DE CUISSON DES VIANDES DE PORC.

LE VINAIGRE DE LAIT PEUT SE SERVIR COMME CONDIMENT SUR LES POISSONS, COQUILLAGES ET CRUSTACÉS.

Pomodoro
S.T. Olio
Le Billot à l'Ancienne
MULTIFONCTIONS

Achards et condiments

Les achards, ce que les Anglais appellent les *pickles*, sont des préparations de légumes conservés dans du vinaigre et agrémentés d'épices. Les achards servent d'accompagnement aux viandes, aux charcuteries, aux poissons... Lorsque les recettes sont sophistiquées, les achards peuvent même être servis comme des hors-d'œuvre à part entière. Toutes les combinaisons de légumes et d'épices sont envisageables, de même que l'on peut utiliser différentes sortes de vinaigres pour varier encore les goûts et les compositions.

Entrent aussi dans la grande famille des condiments les herbes fraîches qui sont difficiles à conserver, à moins d'être congelées. Ne faites pas l'erreur de les faire sécher, les résultats sont la plupart du temps très décevants : les feuilles s'effritent et les parfums s'envolent. Seuls font exception à cette règle le thym et le laurier. Il existe une bonne méthode pour profiter toute l'année des herbes du jardin : faire des pâtes de fines herbes. Hachez très finement, ensemble ou séparément, de la ciboulette, du basilic, de l'estragon, de l'aneth, du persil, de la menthe.... À l'aide d'un robot ou d'un mixer, mélangez-les avec un peu de sel, de poivre, éventuellement des câpres, et très peu d'une huile d'olive, de noix ou de pépins de raisin. Mettez cette pâte en petits pots et recouvrez d'une fine couche de la même huile que celle utilisée pour la préparation. Conservez au frais, mais pas nécessairement au réfrigérateur, et utilisez votre pâte sur des légumes, dans des soupes, des sauces de salade...

Vous pouvez aussi remplacer l'huile par du beurre, que vous utiliserez très mou et que vous congèlerez pour le conserver. Le beurre d'herbes s'utilise sur les viandes grillées et les légumes cuits à l'eau, mais il peut aussi être servi avec des fromages de chèvre frais.

Autres condiments originaux, les ketchups. Contrairement à ce que l'on pourrait penser, il n'existe pas que du ketchup de tomate. On peut aussi en préparer avec des champignons, des concombres, des noix, des citrons, des prunes, des baies de sureau... La recette de base est toujours la même : un mélange de vinaigre, d'une purée cuite d'un légume ou d'un fruit, très souvent des oignons et des épices diverses. Les ketchups se gardent très bien tant que les pots n'ont pas été entamés. Conservez bien au frais les bocaux commencés.

L'ACHARD DE LÉGUMES VARIÉS

Ingrédients

1 petit chou-fleur
500 g de carottes
500 g de petites tomates vertes
2 poivrons
1 piment
300 g de petits oignons blancs
1 gousse d'ail
3 brins de thym et 3 brins d'estragon
1,5 l de vinaigre blanc
300 g de cassonade
6 clous de girofle
6 feuilles de laurier
2 cuillerées à café de grains de poivre
1 pincée de gingembre râpé

Ustensiles

Une terrine
Une casserole
Trois bocaux à conserve d'une contenance de 1 l environ
Trois étiquettes

Préparation

Lavez et épluchez les légumes. Coupez le chou-fleur en bouquets, les carottes en tronçons, les tomates en quartiers, les poivrons et le piment en languettes. Épluchez les oignons et la gousse d'ail. Placez le tout dans une terrine, poudrez de gros sel et laissez macérer une nuit. Répartissez ensuite les légumes essuyés dans les bocaux en ajoutant dans chacun d'eux 1 brin de thym et 1 brin d'estragon. Faites chauffer le vinaigre, la cassonade et le reste des épices dans une casserole et, au premier bouillon, retirez du feu et laissez infuser pendant 2 heures, puis répartissez le vinaigre et les condiments dans les bocaux. Fermez et étiquetez.

L'ACHARD D'OIGNONS

Ingrédients

1 kg de petits oignons blancs
Sel fin
Quelques grains de poivre
2 ou 3 branches d'estragon
20 morceaux de sucre
50 cl de vinaigre d'alcool

Ustensiles

Un saladier
Deux ou trois petits bocaux à conserve
Deux ou trois étiquettes

Préparation

Recouvrez les oignons épluchés de sel, laissez macérer une nuit. Le lendemain, essuyez-les et répartissez-les dans les bocaux avec le poivre et l'estragon. Faites un caramel avec le sucre et, lorsqu'il est brun, retirez le du feu et mélangez-y le vinaigre. Versez sur les oignons. Fermez et étiquetez.

Le macis est la fibre qui entoure la noix muscade. Plus subtil que cette dernière, son goût rappelle un mélange de cannelle et de poivre.

La cassonade, sucre cristallisé brut extrait directement de la canne à sucre, donne un savoureux goût de caramel.

La racine de gingembre frais peut se conserver plusieurs semaines au réfrigérateur dans du papier absorbant glissé dans un sac en plastique.

L'achard de haricots verts

Ingrédients

1 1/2 cuillerée à café de sel fin
1 l de vinaigre de vin blanc
125 g de sucre
4 gousses d'ail épluchées
2 feuilles de laurier
2 oignons finement émincés
6 grains de poivre noir
2 cuillerées à café de graines d'aneth
1 kg de haricots verts fins

Ustensiles

Deux casseroles
Des petits bocaux à conserve
Des étiquettes

Préparation

Mélangez 1 cuillerée à café de sel, le vinaigre, le sucre, l'ail, le laurier, les oignons, les grains de poivre et les graines d'aneth dans une casserole. Amenez à ébullition, baissez le feu et laissez mijoter pendant une trentaine de minutes. Jetez les haricots et le reste du sel dans une autre casserole d'eau bouillante. Laissez blanchir de 3 à 5 minutes. Égouttez et laissez refroidir les légumes. Répartissez-les dans les bocaux et recouvrez-les largement de liquide épicé. Fermez soigneusement, étiquetez et attendez pendant 3 semaines au moins avant de les consommer.

L'achard d'oranges

Ingrédients

6 oranges
1 cuillerée à café de sel
450 g de sucre
3 cuillerées à soupe de sirop d'érable
20 cl de vinaigre d'alcool
6 graines de cardamome
6 grains de poivre noir
1 cuillerée à café de cannelle
12 clous de girofle

Ustensiles

Deux casseroles
Une mousseline pour filtrer
Deux ou trois petits bocaux à conserve
Deux ou trois étiquettes

Préparation

Mettez les oranges et le sel dans une grande casserole, couvrez d'eau et chauffez à feu moyen. Amenez à ébullition, baissez le feu et laissez mijoter les oranges pendant 50 minutes pour qu'elles soient tendres. Égouttez-les et laissez-les refroidir. Placez le sucre, le sirop, le vinaigre, 3 cuillerées à soupe d'eau, la cardamome, les grains de poivre, la cannelle et les clous de girofle dans une autre casserole : amenez à ébullition sans cesser de remuer. Laissez mijoter pendant encore 10 minutes, puis laissez refroidir et filtrez. Coupez les oranges en tranches très fines, mettez-les dans une casserole et couvrez de la préparation aromatisée. Amenez à ébullition sans cesser de remuer, puis laissez mijoter pendant 20 minutes. Répartissez oranges et liquide dans les bocaux, fermez et étiquetez.

Les clémentines épicées

Ingrédients

16 petites clémentines
1/2 cuillerée à café de bicarbonate de soude
12 baies de quatre-épices
1 bâton de cannelle
1 petit morceau de racine de gingembre frais
12 clous de girofle
30 cl de vinaigre de vin blanc
450 g de cassonade claire

Ustensiles

Une casserole à fond épais
Une petit sac de mousseline ou de tissu fin
Un grand bocal à conserve
Une étiquette

Préparation

Lavez les clémentines, trouez leur écorce avec une fourchette et mettez-les dans une casserole. Recouvrez-les d'eau en ajoutant le bicarbonate et faites bouillir pendant 10 minutes. Placez les épices dans un petit sac en mousseline, ajoutez-le dans la casserole avec le vinaigre et faites mijoter pendant 20 minutes en couvrant. Retirez les épices, baissez le feu. Versez la cassonade en la mélangeant bien, amenez de nouveau à ébullition et laissez encore mijoter pendant 20 minutes. Retirez ensuite les fruits avec une écumoire et mettez-les dans le bocal. Continuez à faire mijoter le liquide de cuisson pendant 10 minutes. Laissez-le refroidir et versez-le sur les clémentines : les fruits doivent être totalement immergés. Fermez et étiquetez.
Les clémentines épicées sont un accompagnement original pour le gibier et la viande de porc.

Les oignons nordiques

Ingrédients

1 kg de petits oignons blancs
Quelques grains de poivre
20 morceaux de sucre
50 cl de vinaigre d'alcool

Ustensiles

Un bocal à conserve
Une étiquette

Préparation

Épluchez les oignons et disposez-les dans un bocal avec les grains de poivre. Faites un caramel avec le sucre et un peu d'eau. Quand il est bien brun, éteignez-le avec le vinaigre et recouvrez les oignons. Fermez, étiquetez et laissez macérer pendant plusieurs semaines avant de consommer.

LES ŒUFS ÉPICÉS

Ingrédients

2 cuillerées à café de grains de poivre noir grossièrement écrasés
2 cuillerées à café de baies de quatre-épices grossièrement écrasées
2 cuillerées à café de racine de gingembre hachée
1 cuillerée à café de sel
1 l de vinaigre de vin
16 petits œufs frais

Ustensiles

Un petit sac en mousseline ou en tissu fin
Deux casseroles
Un grand bocal à conserve
Une étiquette

Préparation

Mettez les épices et le sel dans un petit sac de mousseline et placez-le dans une casserole avec le vinaigre. Amenez à ébullition et laissez mijoter pendant 20 minutes à couvert. Laissez le liquide refroidir 20 minutes et reposer 2 heures, puis enlevez les épices. Faites cuire les œufs pendant 10 minutes, passez-les sous l'eau froide et écalez-les. Mettez-les dans le bocal et recouvrez-les de liquide épicé. Fermez, étiquetez et attendez 1 mois avant de les utiliser.

Bien que toutes les recettes données dans cet ouvrage se conservent en principe très bien, vous pouvez tout de même choisir de stériliser vos bocaux, surtout si vous ne disposez pas d'un garde-manger assez frais et que vous soyez obligé de garder vos produits dans des placards de cuisine.

La stérilisation consiste à chauffer les bocaux de manière à tuer les bactéries en créant un vide partiel qui rendra la fermeture hermétique. Les bocaux peuvent bien sûr être utilisés plusieurs fois, mais, en revanche, les caoutchoucs doivent impérativement être neufs.

La stérilisation peut se faire dans un grand faitout, au fond duquel un support de métal ou de verre doit isoler les bocaux de la source de chaleur directe. Plongez vos bocaux dans l'eau froide, de manière qu'ils soient recouverts d'un minimum de 2 ou 3 centimètres d'eau. Couvrez le faitout, portez l'eau à ébullition et laissez ensuite frémir tranquillement pendant une quarantaine de minutes. Cette durée est une moyenne. Le temps de stérilisation est en effet fonction de l'acidité du produit : pour des poires au sirop, il faudra stériliser à 90 °C pendant une bonne heure, tandis que, pour des abricots, un quart d'heure suffira, de même que pour les préparations à base de vinaigre.

Toutes les conserves de légumes, de fruits, tous les ketchups peuvent être stérilisés. Les fabricants de bocaux donnent en général des tableaux de temps de stérilisation à respecter en fonction des préparations.

LE PICCALILLI

Ingrédients

1 chou-fleur moyen
1 concombre
125 g de haricots verts
250 g de carottes
250 g de petits oignons blancs
1 petit céleri en branche
1 petit melon
50 cl de vinaigre de vin
1 cuillerée à soupe de piment de la Jamaïque
1 cuillerée à café de gingembre râpé
1 cuillerée à café de curcuma
2 cuillerées à soupe de moutarde forte
2 cuillerées à soupe de Maïzena
150 g de sucre

Ustensiles

Une terrine
Une casserole
Une mousseline pour filtrer
Des bocaux à conserve
Des étiquettes

Préparation

Lavez, épluchez les légumes et coupez-les en dés ainsi que la chair du melon; séparez le chou-fleur en petits bouquets. Placez le tout dans une terrine, poudrez de sel et laissez macérer une nuit. Le lendemain, égouttez le jus rendu par les légumes et faites bouillir le vinaigre avec le piment de la Jamaïque. Filtrez. Mélangez les autres épices, la moutarde, 2 cuillerées à soupe de vinaigre refroidi et la Maïzena dans un bol. Mettez cette pâte épaisse dans une casserole avec les légumes, le sucre et le reste du vinaigre. Faites bouillir pendant 30 minutes, mettez en bocaux, fermez et étiquetez.

LE KETCHUP AUX NOIX

Ingrédients

24 noix fraîches
125 cl d'eau
175 g de sel
2 l de vinaigre
2 cuillerées à café de clous de girofle pilés
2 cuillerées à café de macis en poudre
12 gousses d'ail

Ustensiles

Un saladier
Un pilon et un mortier
Une mousseline pour filtrer
Une casserole
Des bocaux à conserve
Des étiquettes

Préparation

Faites macérer les noix dans l'eau et le sel pendant 9 jours dans un saladier. Pilez-les dans un mortier. Mélangez-les ensuite avec le vinaigre et laissez macérer une semaine, sans oublier de remuer tous les jours. Passez cette préparation dans une mousseline en pressant bien pour en extraire tout le jus. Au liquide obtenu, ajoutez les clous de girofle, le macis et l'ail. Faites cuire de 15 à 20 minutes. Mettez en bocaux, bouchez et étiquetez.

Un condiment original donne tout de suite de la personnalité à n'importe quel plat.

LE KETCHUP

Ingrédients

1 kg de tomates
1 kg d'oignons
2 verres de vinaigre
2 cuillerées à soupe de moutarde douce
500 g de sucre roux
1 cuillerée à soupe d'un mélange de poivre de Cayenne, de paprika et de muscade

Ustensiles

Une casserole
Un moulin à légumes
Des bocaux à conserve
Des étiquettes

Préparation

Pelez et coupez les légumes en fines tranches et faites-les cuire dans une casserole pendant 30 minutes. Passez-les au moulin à légumes et ajoutez le vinaigre, la moutarde et le sucre. Laissez bouillir doucement jusqu'à obtention d'une sauce épaisse, puis assaisonnez avec les épices et du sel. Mettez en bocaux, fermez et étiquetez.

LE CHUTNEY DE TOMATES

Ingrédients

2 kg de tomates mûres, pelées et hachées avec leur jus
500 g de pommes pelées, épépinées et hachées
500 g d'oignons pelés et finement hachés
400 g de raisins de Corinthe
400 g d'abricots secs
1 cuillerée à café de moutarde en poudre
1 cuillerée à café de sel
1 cuillerée à soupe de poivre de Cayenne
700 g de cassonade
1 l de vinaigre

Ustensiles

Un grand faitout
Des pots à confitures
De la paraffine ou du film alimentaire transparent
Des carrés de tissu pour recouvrir les pots
Des élastiques
Des étiquettes

Préparation

Mettez tous les ingrédients dans le faitout, amenez à ébullition puis laissez mijoter jusqu'à ce que le chutney épaississe. Mettez en pots, couvrez et étiquetez.

LE CHUTNEY DE POMMES ET DE RAISINS

Ingrédients

2 kg de pommes qui, une fois pelées et épépinées, donneront environ 1,7 kg de pommes hachées
4 oignons moyens pelés et hachés finement
2 gousses d'ail écrasées
1 citron
1 cuillerée à soupe de graines de moutarde
1 l de vinaigre
500 g de raisins secs
1 cuillerée à soupe de gingembre en poudre
2 cuillerées à café de sel
1 kg de cassonade

Ustensiles

Un grand faitout
Des pots à confitures
De la paraffine ou du film alimentaire transparent
Des carrés de tissu pour recouvrir les pots
Des élastiques
Des étiquettes

Préparation

Mettez les pommes, les oignons, l'ail, le jus du citron, les graines de moutarde et les deux tiers du vinaigre dans le faitout. Amenez à ébullition, puis laissez mijoter pendant 1 heure pour que le mélange soit tendre. Ajoutez les raisins, le gingembre, le sel, la cassonade et le reste du vinaigre. Laissez mijoter en remuant jusqu'à ce que le chutney épaississe. Mettez en pots, couvrez et étiquetez.

LE CHUTNEY DE CITRONS

Ingrédients

12 beaux citrons
3 cuillerées à café de sel fin
75 cl de vinaigre de cidre
180 g d'oignons
250 g de raisins secs de Smyrne
3 cuillerées à café de gingembre frais râpé
3 cuillerées à café de quatre-épices
6 cuillerées à café de moutarde forte
3 piments doux
750 g de cassonade

Ustensiles

Une terrine
Une cocotte
Des bocaux à conserve
Des étiquettes

Préparation

Lavez les citrons et retirez tous les zestes au couteau économe. Pressez le jus dans une terrine et ajoutez les zestes finement hachés avec 1 cuillerée à café de sel. Laissez reposer une douzaine d'heures. Mettez le vinaigre et le reste du sel dans une cocotte. Faites chauffer à feu doux. Ajoutez les oignons épluchés et hachés, les raisins, les zestes égouttés, les épices, la moutarde et la cassonnade. Faites cuire à petits bouillons 50 minutes environ en remuant de temps en temps jusqu'à ce que le chutney épaississe. Mettez en bocaux, fermez et étiquetez.

LA SAUCE TOMATE

Ingrédients

3 kg de tomates à parfaite maturité
1 cuillerée à soupe de gros sel
50 cl de vinaigre de vin
250 g de sucre en poudre
1 cuillerée à café de paprika
1 cuillerée à soupe de piment de la Jamaïque
1 branche d'estragon

Ustensiles

Une casserole
Un tamis
Une mousseline pour filtrer
Des petits bocaux à conserve
Des étiquettes

Préparation

Lavez les tomates, coupez-les en quartiers et faites-les cuire avec le sel pendant 20 minutes. Écrasez-les en purée et passez-les au tamis. Versez le vinaigre dans une casserole avec 1 cuillerée à soupe de sucre, les épices et l'estragon, portez à ébullition puis filtrez. Mélangez cette préparation à la purée de tomates et au reste du sucre, puis faites cuire doucement pendant 45 minutes jusqu'à ce que votre sauce tomate épaississe. Mettez en bocaux, fermez et étiquetez.

LE CURCUMA, APPELÉ AUSSI SAFRAN DES INDES, REMPLACE AVANTAGEUSEMENT LE SAFRAN OCCIDENTAL, BEAUCOUP PLUS ONÉREUX.

L'ORIGINE DU MOT CHUTNEY EST INDIENNE : IL VIENT DE *CHATNI* QUI SIGNIFIE « ÉPICES FORTES ». CE SONT LES COLONS BRITANNIQUES QUI ONT RAPPORTÉ LES CHUTNEYS DANS LEUR PAYS AU XIXe SIÈCLE.

LE MÉLANGE QUATRE-ÉPICES SE COMPOSE TRADITIONNELLEMENT DE POIVRE NOIR, DE NOIX MUSCADE, DE CLOUS DE GIROFLE ET DE GINGEMBRE.

Sucreries et biscuits

Gâteaux, pâtisseries et desserts sont encore plus vite faits si vous avez pris le temps de préparer à l'avance un certain nombre de friandises qui les embellissent, les décorent et les parfument en un clin d'œil.

Les violettes et les fleurs cristallisées enjolivent tous les desserts, pâtisseries, crèmes, salades de fruits, mais peuvent aussi être croquées comme des bonbons. Le fondant, qui se travaille à volonté, est utilisé pour recouvrir les gâteaux. Il permet également de les personnaliser pour un anniversaire, une fête ou un événement particulier. C'est également avec du fondant que l'on fabrique des fruits déguisés. Il suffit de le faire fondre et d'y ajouter une cuillerée à soupe d'eau-de-vie ou de fleur d'oranger. Vous y tremperez des cerises, des fraises ou des grains de raisin que vous ferez sécher sur un marbre.

Si vous n'avez pas de fondant sous la main, vous pourrez aussi recouvrir vos gâteaux avec de la glace royale qui formera une belle pellicule dure et brillante : dans une terrine, battez à la fourchette deux blancs d'œufs et ajoutez peu à peu 200 grammes de sucre glace. Vous devez obtenir une pâte lisse et onctueuse. Avant de la verser sur le gâteau et de l'étaler avec une grande lame ou une grande spatule, recouvrez ce dernier d'une fine couche de gelée de fruits, il sera ainsi imperméabilisé et la glace royale n'en sera que plus régulière. C'est que les professionnels appellent « abricoter » un gâteau. Cette préparation est susceptible d'être colorée et aromatisée : ajoutez une cuillerée à café de kirsch et quelques gouttes de colorant rouge pour un gâteau aux fruits rouges, une cuillerée à soupe de café instantané pour un gâteau aux noix ou au chocolat, une cuillerée à soupe de cacao amer et un peu de pralin pour une génoise... Le jus de certains légumes peut aussi servir à colorer le fondant, la glace royale ou la pâte d'amandes : chou et betterave pour le rouge, carotte pour l'orange, épinard pour le vert, safran pour le jaune.

Pensez aussi à utiliser la méthode du pochoir pour écrire des messages sur vos pâtisseries : dessinez votre motif sur une feuille de papier, évidez avec un cutter l'intérieur du dessin ou des lettres. Posez votre feuille sur le gâteau, poudrez généreusement de sucre glace, de cacao ou de poudre d'amandes et retirez la feuille délicatement.

Les violettes cristallisées

Ingrédients

1 trentaine de violettes
600 g de sucre
25 cl d'eau
Sucre glace
Colorant violet végétal (éventuellement)

Ustensiles

Une casserole, étamée si possible
Un tamis
Une boîte en fer blanc
Une étiquette

Préparation

Séparez chaque fleur de son pédoncule et enlevez toutes les parties vertes. Faites un sirop avec le sucre et l'eau, portez-le à ébullition et laissez-le reposer quelques minutes hors du feu. Lorsqu'il n'est plus bouillant, jetez-y les fleurs sans qu'elles se touchent. Donnez un léger bouillon, retirez du feu. Laissez ensuite les violettes pendant 24 heures sans les toucher. Le lendemain, faites tiédir le sucre figé, sortez les violettes et disposez-les sur un tamis. Roulez-les ensuite dans du sucre glace blanc ou coloré avant de les ranger dans une boîte en fer blanc. Étiquetez.

Les fleurs cristallisées

Comme pour les violettes, vous pouvez cristalliser des fleurs telles que des boutons ou des pétales de roses, des primevères, des fleurs de pommier, d'oranger ou de cerisier, des églantines, des capucines, des freesias ou de la menthe fraîche. À cause des traitements qu'elles subissent, les fleurs de fleuriste sont à proscrire. N'utilisez que des fleurs sauvages.

Ingrédients

Pour une dizaine de fleurs ou de feuilles
50 g de gomme arabique
Sucre cristallisé

Ustensiles

Un verre
Un petit pinceau fin
Une assiette
Une boîte en fer blanc

Préparation

Mettez la gomme arabique dans un verre et liquéfiez-la avec un peu d'eau. Badigeonnez soigneusement chaque fleur sur toutes les faces avec un petit pinceau fin. Mettez une bonne couche de sucre cristallisé dans une assiette et déposez-y vos fleurs. Poudrez de sucre cristallisé toutes les parties qui ne touchent pas l'assiette, puis déposez-les sur une grille et laissez-les sécher plusieurs heures devant une porte de four ouverte ou sur un radiateur. Quand vos fleurs sont dures et cassantes, rangez-les dans une boîte et étiquetez. Vous pouvez aussi les conserver dans un bocal transparent.

Sucre.

LA PÂTE D'AMANDES

Ingrédients

Sucre glace
200 g de fondant
100 g de poudre d'amandes
Colorant ou essence de fruit ou quelques gouttes d'un alcool ou d'une liqueur parfumée

Ustensiles

Un marbre
Une boîte hermétique
Une étiquette

Préparation

Couvrez un marbre de sucre glace et étalez-y le fondant. Recouvrez-le avec la poudre d'amandes, repliez et pétrissez jusqu'à ce qu'elle soit complètement absorbée par le sucre. Étalez à nouveau la pâte et ajoutez-y le colorant, l'essence de fruit ou quelques gouttes d'alcool. Repliez et pétrissez à nouveau jusqu'à ce que vous ayez une pâte bien lisse. Mettez dans une boîte hermétique et étiquetez.
La pâte d'amandes se conserve plusieurs mois, de préférence dans un endroit bien frais. Vous pouvez aussi parfaitement la congeler.

LE FONDANT

Ingrédients

250 g de sucre cristallisé
3 cuillerées à soupe d'eau
1 cuillerée à soupe de glucose

Ustensiles

Une petite casserole à fond épais
Un marbre
Une spatule
Une boîte hermétique
Une étiquette

Préparation

Mettez le sucre dans une petite casserole à fond épais, mouillez-le avec l'eau et ajoutez-lui le glucose. Assurez-vous qu'il n'y a pas de sucre collé sur la paroi de la casserole, puis chauffez sans que la flamme ne dépasse du fond et laissez cuire pendant 4 minutes jusqu'à ce que le sucre épaississe. Versez le sirop sur un marbre mouillé, laissez-le refroidir quelques instants et retournez-le plusieurs fois avec une spatule afin qu'il refroidisse de manière homogène en formant une pâte bien lisse. Pétrissez-la ensuite quelques minutes avec la main et mettez-la dans une boîte hermétique. Étiquetez.
Le fondant se conserve très bien, mais il peut arriver qu'il sèche avec le temps. Dans ce cas, n'hésitez pas à l'humecter avant de le travailler. Si, au contraire, il est trop humide, vous pourrez le poudrer de sucre glace.
Cette préparation, qui peut être colorée et parfumée selon votre idée, sert à recouvrir les gâteaux. En la faisant réchauffer, vous pourrez y tremper des fruits pour en faire des fruits déguisés.

LE CARAMEL LIQUIDE

Ingrédients

200 g de sucre cristallisé
1 cuillerée à soupe de vinaigre
3 cuillerées à soupe d'eau
1 verre d'eau bouillante

Ustensiles

Une casserole à fond épais
Une bouteille avec son bouchon
Une étiquette

Préparation

Mettez le sucre dans une casserole et mouillez-le avec le vinaigre et l'eau. Faites cuire jusqu'à obtention d'un caramel blond foncé. Retirez du feu et versez l'eau bouillante. Remettez sur feu doux et cuisez encore de 2 à 3 minutes jusqu'à ce que le caramel soit bien homogène. Versez dans la bouteille, bouchez et étiquetez.
Vous pourrez parfumer des crèmes, du riz au lait ou même de simples compotes de fruits.

LA NOUGATINE ET LE PRALIN

Ingrédients

250 g de sucre cristallisé
4 cuillerées à soupe d'eau
2 cuillerées à soupe de glucose
60 g d'un mélange de noisettes, de noix et de cacahuètes pilées

Ustensiles

Une casserole à fond épais
Une poêle
Un marbre
Une spatule
Un rouleau à pâtisserie
Une boîte ou un petit bocal
Une étiquette

Préparation

Mettez le sucre dans une casserole, mouillez-le avec l'eau et ajoutez le glucose. Amenez à ébullition sans remuer et laissez cuire jusqu'à ce que vous obteniez un caramel blond. Pendant ce temps, grillez légèrement les fruits secs dans une poêle et versez-les encore chauds dans le caramel. Mélangez énergiquement et laissez bouillir à nouveau de 1 à 2 minutes. Versez la nougatine sur un marbre huilé et ramenez les bords vers le milieu au fur et à mesure qu'elle s'étale. Vous avez alors le choix entre deux solutions : quand la nougatine est encore chaude, vous pouvez la découper en carrés ou en ronds de nougatine qui serviront à décorer les gâteaux. Vous pouvez aussi attendre que la nougatine refroidisse complètement et la casser en plusieurs morceaux, puis écraser ceux-ci avec un rouleau à pâtisserie. Vous obtiendrez ce que l'on appelle le pralin. Mettez dans une boîte et étiquetez.

POUR VARIER LES GOÛTS, LA POUDRE D'AMANDES PEUT ÊTRE REMPLACÉE PAR DE LA POUDRE DE NOIX, DE NOISETTES OU DE NOIX DE COCO.

TOUS LES TERMES SPÉCIFIQUES LIÉS AUX DIFFÉRENTS STADES DE LA CUISSON DU SUCRE SONT EXPLIQUÉS EN DÉTAIL PAGES 140.

LE PRALIN PEUT SERVIR À SAUPOUDRER TOUS LES DESSERTS, GÂTEAUX, GLACES, MAIS AUSSI LES TARTES UN PEU ACIDES COMME LES TARTES AUX POMMES OU AUX ABRICOTS.

VARIEZ LES GOÛTS : POUR UN PAIN D'ÉPICE PLUS LEVÉ, REMPLACEZ LE BICARBONATE PAR UN PAQUET DE LEVURE CHIMIQUE; POUR UN GOÛT DE MIEL MOINS PRONONCÉ, UTILISEZ 250 G DE SUCRE ET 250 G DE MIEL.

EN PRINCIPE, LES MOULES À MADELEINES SONT DES PLAQUES CREUSÉES D'ALVÉOLES CANNELÉS, MAIS VOUS POUVEZ AUSSI UTILISER DE PETITS MOULES ORDINAIRES.

LES MACARONS PEUVENT ÊTRE SUJETS À DE MULTIPLES VARIANTES : NOISETTES OU NOIX REMPLACENT LES AMANDES; QUELQUES GOUTTES DE COLORANT, ROSE OU VERT, SONT AJOUTÉES À LA PÂTE.

LE PAIN D'ÉPICE TRADITIONNEL

Ingrédients

25 cl de lait
150 g de sucre
400 g de miel
25 g de bicarbonate de soude
500 g de farine
1 g d'anis vert moulu

Ustensiles

Une casserole
Un saladier
Deux moules à cake

Préparation

Faites chauffer le lait dans une casserole et dissolvez-y le sucre et le miel. Versez dans un saladier et ajoutez le bicarbonate, la farine et l'anis. Mélangez pour obtenir une pâte bien lisse. Versez-la dans les moules beurrés et chemisés. Faites cuire à feu doux pendant 1 heure.

LANGUETTES D'ORANGE

Ingrédients

600 g d'oranges, soit 300 g d'écorces environ
3 cuillerées à café de gros sel
500 g de sucre cristallisé
350 g de chocolat noir
30 g de beurre

Ustensiles

Trois casseroles
Une passoire
Une écumoire
Du papier d'aluminium

Préparation

Incisez l'écorce des oranges en quatre quartiers, détachez-les des fruits en prenant garde de ne pas les briser. Râpez la surface pour retirer tout le vernis jaune. Mettez les écorces à tremper dans 1 l d'eau froide avec 1 cuillerée à café de gros sel pendant 24 heures, puis égouttez. Faites chauffer en même temps trois casseroles contenant chacune 2 l d'eau. Dans l'une d'elles, mettez 2 cuillerées à café de gros sel, plongez-y les écorces et portez à ébullition pendant 1 minute. Égouttez-les, puis recommencez dans la deuxième casserole d'eau bouillante non salée pendant 5 minutes. Égouttez à nouveau et plongez-les dans la dernière casserole d'eau bouillante non salée pendant 15 minutes. Préparez un sirop au perlé avec 300 g sucre et 5 cl d'eau. Mettez-y les écorces et laissez cuire 30 minutes environ jusqu'à ce qu'elles deviennent transparentes. Ajoutez alors le sucre restant et faites réduire le plus lentement possible. Surveillez la cuisson car le sirop doit rester blanc et ne doit pas caraméliser. Retirez les écorces du sirop à l'aide d'une écumoire et mettez-les à égoutter sur une grille. Laissez sécher pendant 24 heures à l'air libre. Coupez ensuite les écorces confites en languettes de 5 mm de large environ sur 5 à 6 cm de long. Coupez le chocolat en morceaux et faites-le fondre au bain-marie avec le beurre sans remuer. Quand tout est bien fondu, mélangez doucement pour obtenir une pâte lisse et brillante. Plongez-y les languettes d'orange puis retirez-les délicatement avec un pince ou une fourchette. Déposez les languettes au fur et à mesure sur une feuille d'aluminium huilée et laissez refroidir avant de les décoller délicatement. Conservez-les dans une boîte en fer.

LE PAIN D'ÉPICE CÉVENOL

Ingrédients

250 g de farine
250 g de miel
1 sachet de levure
20 cl de lait tiède
1 pincée de sel
1 pincée de bicarbonate de soude
50 g d'amandes hachées
1 pincée de graines d'anis
1 pincée de cannelle
1 cuillerée à café de zeste de citron ou d'orange râpé

Ustensiles

Un saladier
Un moule à cake

Préparation

Mélangez la farine, le miel et la levure dans un saladier, puis laissez reposer cette pâte pendant 1 heure. Ajoutez le lait, le sel, le bicarbonate, les amandes, l'anis, la cannelle et le zeste de citron ou d'orange en mélangeant. Travaillez cette pâte, puis mettez-la dans un moule à cake beurré. Cuisez à four modéré pendant 1 heure.

LES MACARONS AUX AMANDES

Ingrédients

100 g d'amandes
200 g de sucre en poudre
2 blancs d'œufs
1 pincée de vanille en poudre

Ustensiles

Une terrine ou un petit plat en terre
Un pilon et un mortier

Préparation

Faites tremper les amandes dans une terrine remplie d'eau chaude pendant 5 minutes, puis mondez-les. Versez les amandes dans un mortier et pilez-les en ajoutant le sucre petit à petit. Rajoutez ensuite les blancs d'œufs non battus et la pincée de vanille. Travaillez ce mélange jusqu'à obtenir une pâte molle. Recouvrez la plaque de votre four de papier sulfurisé et faites de grosses pastilles de pâte avec une cuiller ou une poche à douille. Faites cuire à feu doux pendant une quinzaine de minutes environ.

LE CAKE ANGLAIS

Ingrédients

1 kg de farine
500 g de sucre en poudre
4 cuillerées à café de sel très fin
10 g de cannelle
1/2 noix muscade râpée
1 vingtaine de cerises confites coupées en deux
125 g de raisins de Malaga
125 g de raisins de Corinthe
125 g de raisins de Smyrne
Rhum
250 g de beurre
1 verre de lait
3 œufs
50 g de levure en poudre

Ustensiles

Un grand saladier
Deux moules à cake

Préparation

Mélangez la farine, le sucre, le sel, les épices, les cerises et les différents raisins trempés dans le rhum dans un grand saladier. Creusez un puits et versez-y le beurre fondu, le lait, les œufs et la levure et pétrissez soigneusement la pâte. Versez-la dans les moules bien beurrés et faites cuire pendant 2 heures à four modéré.

LES MADELEINES

Ingrédients

125 g de farine
125 g de sucre en poudre
60 g de beurre
2 œufs
Eau de fleur d'oranger ou 1 pincée de vanille en poudre ou 1 zeste de citron râpé
5 g de levure anglaise

Ustensiles

Un saladier
Une casserole
Un fouet électrique
Des moules à madeleines

Préparation

Mélangez la farine et le sucre dans un saladier. Rajoutez le beurre fondu, les jaunes d'œufs et le parfum de votre choix. Ajoutez ensuite la levure et les blancs battus en neige ferme. Beurrez les moules à madeleines en ne les remplissant qu'à moitié de pâte et faites cuire au four pendant 20 minutes à feu doux. Il existe une autre recette avec le double de beurre, sans ajout de levure : pour les mêmes ingrédients, versez le sucre et les œufs dans un saladier et travaillez le mélange pour qu'il devienne bien blanc. Ajoutez le reste des ingrédients et faites cuire à four doux pendant 5 minutes, puis à four chaud pendant 10 minutes.

Redécouvrez le plaisir des goûters avec des gâteaux et du chocolat chaud.

Bonbons

Tout l'art de la fabrication des bonbons consiste en une cuisson appropriée de l'eau et du sucre, à commencer par le caramel qui est le dernier stade de cuisson du sucre avant que ce dernier ne soit carbonisé. Bonbons, berlingots et sucettes se fabriquent le plus souvent industriellement, mais une cuisinière un peu adroite peut arriver à travailler cette matière assez fascinante qu'est le sucre. Commencez par les berlingots qui sont un très bon exercice, car ils permetttent de se familiariser avec l'étirement et la torsion du sucre. Bien que les enfants soient tentés à la seule évocation du mot « bonbon », faites très attention à ce qu'ils ne touchent à aucune de vos préparations ou aux casserole avant qu'elles n'aient complètement refroidies, le caramel brûle de manière irrémédiable.

Les loukoums

Ingrédients

1 citron
2 cuillerées à soupe de sucre
2 cuillerées à soupe d'eau de rose
12,5 cl d'eau
25 g de gélatine
Sucre glace

Ustensiles

Une casserole
Un petit moule plat
Une boîte en fer
Une étiquette

Préparation

Faites bouillir le jus et l'écorce du citron dans une casserole avec le sucre, l'eau de rose et l'eau, puis ajoutez la gélatine imbibée d'eau. Portez à ébullition pendant quelques minutes en remuant, puis retirez l'écorce du citron et versez la pâte dans un moule plat. Quand elle est encore tiède, découpez des carrés un peu épais et roulez-les dans une assiette couverte de sucre glace. Couvrez bien toutes les faces afin d'éviter que les loukoums ne collent entre eux. Conservez dans une boîte en fer et étiquetez.

Les guimauves

Ingrédients

200 g de sucre cristallisé
2 cuillerées à soupe d'eau
5 feuilles de gélatine
1 grande cuillerée à soupe de glucose
3 cuillerées à soupe de fleur d'oranger
2 blancs d'œufs
Sucre glace

Ustensiles

Deux casseroles
Un fouet électrique
Une boîte en fer
Une étiquette

Préparation

Mettez le sucre et l'eau dans une casserole et faites cuire au grand boulé sans remuer. Ramolissez la gélatine dans de l'eau fraîche. Faites fondre le glucose dans une autre casserole avec la fleur d'oranger et chauffez doucement jusqu'à 60 °C. Ajoutez la gélatine bien égouttée et remuez jusqu'à ce qu'elle ait disparu. Montez les blancs en neige ferme et, en continuant à battre, versez le caramel en mince filet, puis le mélange glucose et fleur d'oranger. Les blancs d'œufs vont doubler de volume. Continuez de battre jusqu'à ce que la pâte soit froide et laissez reposer 1 heure. Faites des petits tas de pâte de la taille d'une noix avec deux cuillers à café et roulez-les dans une assiette couverte de sucre glace jusqu'à ce qu'ils ne collent plus. Mettez dans une boîte et étiquetez. Les guimauves se conservent sans problème plusieurs semaines dans une boîte hermétique.

LA PÂTE DE COINGS

Ingrédients

1 kg de coings
500 g de sucre cristallisé

Ustensiles

Une bassine à confitures
Un moulin à légumes
Un moule plat
Du papier sulfurisé
Une boîte en fer
Une étiquette

Préparation

Lavez les fruits pour ôter tout leur duvet. Coupez-les en gros morceaux et recouvrez-les d'eau dans une bassine à confitures. Faites bouillir pendant une quinzaine de minutes. Quand la chair des coings est tendre, mettez les fruits sur un tamis pour les égoutter, puis passez-les au moulin à légumes. Remettez cette compote dans la bassine, ajoutez-lui son poids de sucre. Portez à ébullition pendant 15 minutes, sans cesser de remuer. Quand la cuiller laisse la marque de son mouvement dans le fond de la bassine, cessez la cuisson. Versez la pâte dans un moule chemisé de papier sulfurisé huilé sur 1 cm d'épaisseur. Laissez refroidir pendant 12 heures. Quand la pâte est sèche, retournez-la sur une grille, enlevez le papier et attendez encore 12 heures. Découpez des petits carrés que vous roulerez dans du sucre cristallisé en recouvrant bien toutes les faces; si nécessaire, recommencez l'opération deux fois de suite. Mettez dans une boîte et étiquetez.
Pour les pâtes de fruits en général, il est recommandé de ne pas dépasser 2 mois de conservation.

LES PÂTES DE GROSEILLES OU DE CASSIS

Ingrédients

1 kg de fruits
1 verre d'eau
800 g de sucre

Ustensiles

Une bassine à confitures
Un mixer
Un moule plat
Du papier sulfurisé
Une boîte en fer
Une étiquette

Préparation

Égrenez les fruits, lavez-les et mettez-les dans une bassine à confitures avec l'eau. Portez à ébullition et laissez cuire pendant quelques minutes. Quand les fruits ont éclaté, passez-les au mixer. Remettez la compote dans la bassine avec le sucre. Chauffez, puis maintenez l'ébullition à gros bouillons pendant 10 minutes, sans cesser de remuer. Terminez selon la même méthode que la pâte de coings.

LES PÂTES DE RHUBARBE

Ingrédients

1 kg de rhubarbe
1 kg de sucre cristallisé
100 g de gélifiant
1 noix de beurre
2 gouttes de colorant vert

Ustensiles

Une bassine à confitures
Un mixer
Un moule plat
Du papier sulfurisé
Une boîte en fer
Une étiquette

Préparation

Épluchez la rhubarbe, puis coupez-la en petits morceaux. Jetez-les dans une bassine à confitures et recouvrez avec le sucre. Laissez macérer de 2 à 3 heures. Lorsque le sucre est bien dissous, ajoutez le gélifiant et portez lentement à ébullition. Laissez bouillir à gros bouillons de 5 à 6 minutes, passez au mixer pour obtenir une épaisse purée. Remettez sur le feu et laissez bouillir pendant 10 minutes sans cesser de remuer. Prenez garde à ce que le sirop ne devienne pas du caramel. Ajoutez le beurre pour faire disparaître l'écume, puis le colorant. Quand la pâte épaissit, versez-la dans un moule chemisé de papier sulfurisé et terminez exactement comme pour la pâte de coings.

LES FRUITS CONFITS EN BOCAUX

Ingrédients

1 kg de prunes, cerises, pêches, abricots, raisins, coings
1 kg de miel
300 g de vinaigre blanc
6 clous de girofle
2 pincées de cannelle

Ustensiles

Des bocaux
Une casserole
Une écumoire
Une passoire

Préparation

Répartissez les fruits équitablement dans plusieurs bocaux de verre. Versez le miel et le vinaigre dans une casserole et chauffez le mélange (que l'on appelle oxymel) de manière à bien dissoudre le miel. Ajoutez les clous de girofle et la cannelle à cette préparation. Veillez à écumer plusieurs fois pendant que le mélange chauffe. À ébullition, versez le sirop sur les fruits à travers une passoire de façon à les recouvrir entièrement. Fermez les bocaux et conservez-les dans un endroit frais.
Si vous voulez garder vos fruits plusieurs années, il est préférable de les stériliser.

TOUS LES TERMES SPÉCIFIQUES LIÉS AUX DIFFÉRENTS STADES DE LA CUISSON DU SUCRE SONT EXPLIQUÉS EN DÉTAIL PAGES 140.

LA GUIMAUVE PORTE LE MÊME NOM QUE LA FLEUR UTILISÉE EN PHARMACIE, BIEN QU'ELLE N'EN CONTIENNE PAS.

LA RHUBARBE, COMME LA FRAISE ET LA BANANE, EST PAUVRE EN PECTINE ET EN ACIDE CITRIQUE. IL FAUT DONC AJOUTER DU GÉLIFIANT OU UTILISER DU SUCRE SPÉCIAL POUR CONFITURES.

D'ORIGINE AMÉRICAINE, LE FUDGE A UNE CONSISTANCE GRANULEUSE QUI PEUT SURPRENDRE AU PREMIER ABORD.

PRENEZ GARDE À LA MANIPULATION DU CARAMEL BOUILLANT, LES BRÛLURES QU'IL OCCASIONNE SONT DOULOUREUSES.

LE FUDGE

Ingrédients

200 g de lait concentré non sucré
200 g de sucre
100 g de glucose liquide ou en poudre
100 g de beurre
Quelques gouttes d'essence de vanille ou 2 sachets de sucre vanillé
100 g de chocolat (éventuellement)

Ustensiles

Une casserole
Un marbre
Une boîte en fer ou un bocal
Une étiquette

Préparation

Versez le lait dans une casserole et portez-le à ébullition. Ajoutez sucre, glucose, beurre et vanille et faites reprendre l'ébullition sans cesser de remuer. Continuez la cuisson jusqu'au petit boulé (une goutte de caramel jetée dans de l'eau froide forme une boule malléable). Placez ensuite la casserole dans de l'eau froide, inclinez-la et battez vigoureusement le mélange jusqu'à ce qu'il devienne épais et perde son brillant. Étalez alors la pâte sur un marbre huilé et découpez les caramels encore tièdes.
Pour obtenir des fudges au chocolat, il faut ajouter 100 g de chocolat, que vous aurez préalablement fait fondre au bain-marie, à la fin de la cuisson du caramel. Mettez dans une boîte et étiquetez.

LES PRALINES

Ingrédients

250 g de sucre cristallisé
25 cl d'eau
250 g de cacahuètes crues, de noisettes ou d'amandes avec leurs peaux brunes pour que le sucre s'y accroche
50 g de cacao amer pour les pralines au chocolat
2 sachets de sucre vanillé

Ustensiles

Une bassine à confitures
Un marbre
Un bocal

Préparation

Mettez le sucre, l'eau, les fruits secs et éventuellement le cacao dans une petite bassine à confitures, de préférence à fond arrondi. Faites cuire jusqu'au filet, puis remuez sans arrêt avec une cuiller en bois jusqu'à ce que le sucre se trouble et se transforme en sable. Baissez le feu, raclez la paroi de la bassine pour en détacher le sucre, augmentez la flamme et remuez très fort. Pendant que le sucre fond, ajoutez le sucre vanillé et tournez le mélange pour enrober les pralines. Versez-les sur un marbre huilé en les détachant bien pour qu'elles ne collent pas les unes aux autres. Quand elles sont froides, vous pouvez les conserver en bocal.

LES TOFFEES

Ingrédients

125 g de sirop d'érable
500 g de cassonade blonde
250 g de beurre

Ustensiles

Une bassine à confitures
Un moule plat carré ou rectangulaire
Du papier transparent

Préparation

Versez le sirop d'érable dans une bassine, faites-le tiédir et ajoutez la cassonade et le beurre. Mettez une plaque d'amiante sur un feu très doux, placez-y la bassine et attendez 2 heures environ que la cassonade se dissolve doucement sans bouillir. Augmentez la puissance du feu et faites cuire votre préparation pendant une quinzaine de minutes jusqu'à obtention d'un sirop au grand cassé. Enlevez la bassine du feu et versez le sirop dans un moule plat bien huilé. Lorsque la pâte est tiède, tracez des lignes horizontales et verticales pour découper vos bonbons. Enveloppez-les quand ils sont bien froids.

LES MARRONS GLACÉS

Ingrédients

1,5 kg de gros marrons de Naples bien frais
1 l de lait
1 gousse de vanille
Pour le glaçage :
800 g de sucre cristallisé
200 g de glucose
1 l d'eau

Ustensiles

Deux casseroles
Du papier d'aluminium

Préparation

Incisez les marrons sur leur pourtour avec un couteau pointu. Jetez-les dans l'eau bouillante et faites bouillir pendant 5 minutes. Éteignez le feu, sortez les marrons avec précaution à l'aide d'une écumoire et épluchez-les en enlevant leurs deux peaux. Jetez les marrons dans le lait bouillant vanillé, laissez encore bouillir pendant 10 minutes et égouttez-les. Faites un sirop cuit à la nappe avec le sucre, le glucose et l'eau, versez-y doucement les marrons et portez à ébullition pendant 5 minutes. Éteignez, couvrez et laissez macérer jusqu'au lendemain.
Renouvelez l'opération 6 jours de suite : le 6e jour, après l'ébullition, sortez les marrons et disposez-les sur une grille. Au bout d'une douzaine d'heures, ils seront secs, et vous pourrez les envelopper un par un dans du papier d'aluminium. Méfiez-vous, ils ne se conserveront pas plus de quelques semaines.
Toutefois, recouverts de cognac et enfermés dans un bocal bien hermétique, ils seront bons à consommer durant plusieurs mois.

À Noël,
respectez la tradition
et faites construire
à vos enfants
des maisons
de caramels
et de bonbons.

—✦—

LES CARAMELS CRÉMEUX

Ingrédients

200 g de sucre semoule
1/2 paquet de sucre vanillé
200 g de crème fraîche

Ustensiles

Un poêlon
Un moule plat carré ou rectangulaire
Du papier transparent

Préparation

Mélangez le sucre semoule, le sucre vanillé et la crème fraîche dans un poêlon. Faites chauffer à feu modéré sans cesser de remuer. La cuisson durera de 5 à 10 minutes suivant la consistance désirée. Versez le caramel dans un moule plat huilé : quand il est encore tiède, vous pouvez le découper avec des ciseaux bien huilés. Enveloppez vos caramels quand ils sont bien froids.

LES CARAMELS MOUS AU CHOCOLAT

Ingrédients

100 g de chocolat à cuire râpé
100 g de beurre
200 g de miel
100 g de sucre en poudre

Ustensiles

Un poêlon
Un moule plat carré ou rectangulaire
Une boîte en fer ou un bocal
Une étiquette

Préparation

Versez le chocolat, le beurre, le miel puis le sucre en poudre dans un poêlon. Faites chauffer doucement le mélange en le travaillant avec une spatule. Au bout de 10 minutes, vous obtenez un mélange onctueux; versez-le dans un moule plat et huilé. Tracez des carrés sur votre caramel tiède à l'aide d'un couteau huilé et, quand il sera froid, vous le découperez aisément. Mettez dans une boîte et étiquetez.

LES CARAMELS AU MIEL

Ingrédients

100 g de crème fraîche épaisse
20 morceaux de sucre
3 grandes cuillerées à soupe de miel

Ustensiles

Une casserole
Un moule plat carré ou rectangulaire
Une boîte en fer ou un bocal
Une étiquette

Préparation

Versez la crème, le sucre et le miel dans une casserole. Chauffez doucement pour faire fondre le sucre, puis augmentez le feu sans cesser de remuer. Lorsque le mélange se décolle légèrement du bord et qu'il blondit, baissez le feu. Votre caramel est prêt si une goutte jetée dans l'eau froide se solidifie immédiatement. Versez dans un moule huilé et attendez que la pâte soit refroidie pour la découper. Mettez dans une boîte et étiquetez.

LES CARAMELS AU CAFÉ

Ingrédients

250 g de sucre en poudre
2 noix de beurre
Vinaigre
1/2 tasse de café très fort
90 g de crème fraîche

Ustensiles

Un poêlon
Un moule plat carré ou rectangulaire
Du papier transparent

Préparation

Versez le sucre imbibé de beurre fondu et quelques gouttes de vinaigre dans un poêlon. Faites cuire doucement sans cesser de remuer. Ajoutez le café et la crème fraîche et faites cuire encore de 5 à 10 minutes selon la consistance désirée en continuant de remuer avec une spatule. Versez le caramel dans un moule plat et huilé et découpez-le en carrés avec un couteau huilé. Quand ils sont froids, vous pouvez envelopper les caramels.

Toutes les recettes de nougat sont différentes, il ne vous reste plus qu'à inventer la vôtre et à lui donner votre nom.

—✦—

Le nougat au miel

Ingrédients

1 kg d'amandes
1 kg de miel
Du papier azyme ou papier hostie

Ustensiles

Une poêle
Une bassine à confitures
Quatre règles en fer
Une boîte en fer
Une planche

Préparation

Mettez les amandes non mondées dans une poêle et faites-les griller légèrement pendant 10 minutes. Faites chauffer le miel dans une bassine jusqu'à ébullition sans cesser de remuer. Ajoutez les amandes et poursuivez la cuisson en remuant jusqu'à obtention d'un sirop au petit cassé. Retirez la bassine du feu, remuez encore son contenu pendant 5 minutes, puis versez-le sur une table farinée sur un rectangle de papier azyme limité par les règles en fer. Recouvrez le tout d'un rectangle de papier, placez dessus une planche maintenue par un poids et attendez que le nougat refroidisse, puis découpez-le avec un couteau huilé. Rangez les nougats dans une boîte hermétique.

Le nougat blanc

Ingrédients

150 g d'amandes
100 g de pistaches
2 blancs d'œufs
250 g de sucre cristallisé
1 cuillerée à soupe de glucose
200 g de miel blanc

Ustensiles

Une poêle
Un fouet électrique
Une grande terrine ou un grand saladier
Deux casseroles
Une planche ou un plat
Un moule plat
Une boîte en fer
Une étiquette

Préparation

Jetez amandes et pistaches dans une poêle, laissez griller légèrement et gardez-les au chaud. Battez les blancs d'œufs très fermes dans une grande terrine. Mettez le sucre et le glucose dans une casserole avec 3 cuillerées à soupe d'eau et chauffez jusqu'au cassé. Faites cuire le miel jusqu'au cassé dans une autre casserole en le remuant sans arrêt.

Mettez la terrine des blancs d'œufs au bain-marie et battez au fouet électrique tout en versant le miel et le sirop de sucre. Les blancs d'œufs cuisent et doublent de volume. Versez cette pâte dans une casserole et faites cuire encore 5 minutes sans cesser de remuer. Hors du feu, ajoutez amandes et pistaches en soulevant soigneusement la pâte. Versez-la dans un moule tapissé de papier huilé, couvrez d'une planche ou d'un plat et d'un poids et attendez que la pâte refroidisse. Laissez reposer pendant une douzaine d'heures au frais. Démoulez le nougat et laissez-le sécher pendant 24 heures avant de le mettre dans une boîte ou de l'envelopper.

Les sucettes à l'orange et au citron

Ingrédients

125 g de sucre en poudre
1/2 orange ou 1/2 citron

Ustensiles

Une casserole
Un marbre ou une planche de Formica
Cinq ou six bâtonnets en bois
Du papier transparent

Préparation

Faites dissoudre le sucre dans le jus du fruit sur feu doux sans cesser de remuer et continuez la cuisson jusqu'au petit boulé. Versez le sirop en longues gouttes sur une surface huilée. Quand il sera refroidi, façonnez à la main des boules ou des cônes que vous aplatirez immédiatement. Placez les bâtonnets et laissez durcir les sucettes puis enveloppez-les dans du papier transparent.
Avec la même préparation, vous pouvez également couler de petites pastilles sur le couvercle d'une boîte en fer. Vous pouvez remplacer le jus de fruit par quelques gouttes d'essence de menthe. En attendant que les pastilles sèchent, veillez à ce qu'elles ne se collent pas les unes aux autres.

Les boules de gomme

Ingrédients

100 g de gomme arabique
200 g de sucre glace
50 g d'eau de fleur d'oranger
Sucre cristallisé
Fécule de pomme de terre

Ustensiles

Une terrine ou un saladier
Une casserole
Une boîte
Une étiquette

Préparation

Mélangez la gomme arabique et le sucre dans une terrine. Mouillez avec la fleur d'oranger. Faites tiédir le mélange au bain-marie sans cesser de remuer. Procédez avec beaucoup d'énergie, car il y a très peu de liquide pour former une pâte homogène. Quand celle-ci commence à prendre, éteignez le feu et laissez-la refroidir. Prélevez un peu de pâte avec une cuiller et formez des boules que vous roulerez dans une assiette couverte d'un mélange de sucre cristallisé et de fécule. Les boules de gomme sécheront en 1 heure. Mettez dans une boîte et étiquetez.

Les sucres d'orge

Ingrédients

250 g de sucre
10 cl d'eau
1 cuillerée à café de jus de citron

Ustensiles

Un poêlon
Un marbre ou une plaque de Formica
Un bocal ou du papier transparent

Préparation

Versez le sucre, l'eau puis le citron dans un poêlon. Faites cuire à feu vif en remuant constamment jusqu'à ce que le mélange devienne jaune pâle : c'est une cuisson au grand soufflé. Enlevez le poêlon du feu. Versez le sirop sur une surface huilée et, quand la pâte est tiède, découpez-la. Mettez dans un bocal.

Les berlingots

Ingrédients

125 g de sucre en poudre
2 cuillerées à soupe d'eau
1 cuillerée à café de vinaigre de vin
1 cuillerée à café d'extrait de café ou quelques gouttes d'essence de menthe ou de bergamote

Ustensiles

Un poêlon
Un marbre ou une plaque de Formica
Un bocal
Une étiquette

Préparation

Versez le sucre, l'eau et le vinaigre dans un poêlon. Faites cuire à feu moyen en remuant jusqu'à ce que le sirop soit doré. Hors du feu, laissez refroidir un peu et ajoutez l'extrait de café. Mélangez et versez sur un marbre huilé. Pendant que le sucre refroidit, tournez en traçant des grands huit avec une spatule. Étirez la pâte à la main en un long ruban que vous repliez sur lui-même plusieurs fois de suite. Agissez rapidement. Étirez le ruban et roulez-le pour obtenir un cylindre. Coupez-le en petits morceaux avec des ciseaux huilés. Conservez dans un bocal et étiquetez. Ajoutez éventuellement dans le bocal un mélange de 3 cuillerées à soupe de sucre glace et d'une cuillerée à soupe de fécule : les berlingots perdent leur brillant mais se conservent sans coller plusieurs mois.

Pour les sucettes, on peut remplacer le vinaigre par du glucose, qui empêche aussi la cristallisation du sucre mais qui donne une pâte de sucre plus souple et donc plus facile à travailler.

Afin de colorer bonbons et sucettes, utilisez, pour le vert, l'essence de menthe, pour l'orange, l'essence de bergamote, pour le jaune, l'essence de citron et, pour le brun, du caramel très foncé.

PANI
GEMMA

LES ÉTAGÈRES DE LA SALLE DE BAINS

✦

Crèmes

Produits solaires

Laits de beauté

Eaux parfumées

Savons

Lotions capillaires

Soins du corps

✦

Crème à l'eau de roses
EAU FLORALE
FLEURS DE ROSE
Stearine
Glycérine

Crèmes

Les produits de beauté peuvent rapidement représenter un budget assez élevé qu'il est possible de réduire de manière notable en les faisant soi-même. Il y a cependant quelques précautions à prendre : toutes les recettes données ici sont à base d'ingrédients qui sont en principe inoffensifs. Mais vous pouvez être allergique, sans le savoir, à des produits qui sont tout à fait naturels. Avant de vous lancer dans la confection de plusieurs pots d'une crème ou d'un autre produit de beauté, faites-en d'abord une petite quantité que vous testez sur votre peau. La moyenne de temps de réaction, si réaction il doit y avoir, est généralement d'environ vingt-quatre à quarante-huit heures. Passé ce délai, tout risque est écarté. Lorsque vous faites vos produits, n'utilisez que des contenants stérilisés ou passés à l'eau de Javel. Si vos bouchons sont des bouchons de récupération, soyez particulièrement attentive à leur parfaite propreté, et si vous choisissez le liège pour fermer vos bouteilles, ne prenez que des bouchons neufs que vous aurez préalablement ébouillantés.

LA CRÈME À L'EAU DE ROSE, RECETTE TRÈS PROCHE DES COLD-CREAMS QUI FIRENT FUREUR DANS LES ANNÉES 50, EST EXTRÊMEMENT HYDRATANTE. ELLE S'UTILISE EN CURE DE QUELQUES JOURS.

LA CRÈME À L'EAU DE ROSE

Ingrédients

235 g de glycérine
20 g d'amidon en poudre
100 g de stéarine
40 g de gélatine végétale
50 cl d'eau de rose

Ustensiles

Une casserole
Un grand bol ou un petit saladier
Deux ou trois petits pots avec couvercle
Deux ou trois étiquettes

Préparation

Mélangez la glycérine à 130 g d'eau tiède et faites-la chauffer au bain-marie. Lorsqu'elle est chaude, battez-la énergiquement, puis ajoutez-y la stéarine et l'amidon en poudre. Lorsque tout est bien fondu et que vous obtenez une crème bien lisse, ajoutez-y la gélatine végétale que vous aurez ramollie à l'eau fraîche. Pour parfumer, ajoutez l'eau de rose. Mettez en pots et étiquetez.

LA LANOLINE EST EXTRAITE DE LA LAINE DU MOUTON. C'EST UNE GRAISSE NATURELLE PARTICULIÈREMENT RECOMMANDÉE POUR LES PEAUX SÈCHES ET SENSIBLES.

LA PLUPART DES INGRÉDIENTS ENTRANT DANS LA COMPOSITION DES RECETTES, TELS QUE LE BORAX, LA LANOLINE, LA GLYCÉRINE, LA VASELINE, LES CIRES ET LES HUILES SE TROUVENT TRÈS FACILEMENT DANS LES PHARMACIES.

L'HUILE D'AMANDE DOUCE, AUX VERTUS ADOUCISSANTES BIEN CONNUES, A TENDANCE À RANCIR ASSEZ RAPIDEMENT. FINISSEZ DONC SANS TROP ATTENDRE UN FLACON ENTAMÉ.

LA CRÈME FAMILIALE

Ingrédients

16 g de cétasal
22 g de glycérine
59 g d'eau distillée
3 g d'huile d'amande douce
Quelques gouttes d'une essence de fleurs

Ustensiles

Un bol
Un ou deux petits pots à couvercle
Une ou deux étiquettes

Préparation

Mélangez le cétasal à la glycérine, ajoutez l'eau distillée en remuant avec une cuiller en bois, puis l'huile d'amande douce.
Pour parfumer, utilisez quelques gouttes d'une essence de fleurs de votre choix. Mettez en pots, fermez et étiquetez.

LA CRÈME À L'HUILE DE COCO

Ingrédients

20 g de lanoline
40 g d'huile de coco
50 g d'huile de paraffine pure
Quelques gouttes de jus de citron ou d'orange

Ustensiles

Une casserole
Un grand bol ou un petit saladier
Un ou deux petits pots à couvercle
Une ou deux étiquettes

Préparation

Faites fondre doucement la lanoline, l'huile de coco et l'huile de paraffine au bain-marie en remuant avec une cuiller en bois.
Retirez la casserole du feu pour que le mélange refroidisse.
Mettez en pots, fermez et étiquetez.
Recommandée pour les peaux grasses, cette crème se conserve au réfrigérateur.
Au moment de l'utilisation, vous pouvez lui ajouter quelques gouttes de jus de citron ou d'orange, cela ne fera qu'augmenter son efficacité.

LA CRÈME AU THYM

Ingrédients

25 g de vaseline pure
25 g de lanoline
5 gouttes d'essence de thym

Ustensiles

Un bol
Un pot à couvercle
Une étiquette

Préparation

Mélangez la vaseline et la lanoline, puis l'essence de thym jusqu'à obtention d'une crème très onctueuse. Mettez en pots et étiquetez.
Très recommandée pour les peaux sèches.

AUTRE RECETTE :

Ingrédients

100 g de lanoline
75 g d'huile d'amande douce
100 g d'eau distillée
5 gouttes d'essence de thym

Ustensiles

Une casserole
Un grand bol ou un petit saladier
Trois ou quatre pots à couvercle
Trois ou quatre étiquettes

Préparation

En faisant fondre la lanoline au bain-marie, ajoutez-lui, sans cesser de remuer, l'huile d'amande douce et l'eau distillée. Quand le mélange a un aspect crémeux, ajoutez l'essence de thym. Mettez en pots et étiquetez.

LA CRÈME DE NUIT

Ingrédients

1/2 cuillerée à soupe de cire d'abeille râpée
4 cuillerées à soupe d'huile d'olive
2 cuillerées à soupe d'huile de noix de coco
3 cuillerées à soupe d'eau de rose
1/4 de cuillerée à café de borax

Ustensiles

Une casserole
Un grand bol ou un petit saladier
Un petit bol
Un fouet électrique (éventuellement)
Un ou deux petits pots à couvercle
Une ou deux étiquettes

Préparation

Faites fondre la cire au bain-marie. Ajoutez les huiles en remuant pour que le mélange devienne lisse.
Chauffez l'eau de rose dans un autre récipient et dissolvez-y le borax.
Enlevez du feu le mélange cire et huiles et ajoutez-lui l'eau de rose goutte à goutte. Puis, à la main ou avec un fouet électrique que vous utiliserez à basse vitesse, fouettez avec vigueur jusqu'à obtention d'une crème blanche et lisse.
Avant de la mettre en pot vous pouvez lui ajouter quelques gouttes de teinture de benjoin pour une meilleure conservation. Étiquetez.

La crème à l'avocat

Ingrédients

1 cuillerée à soupe de cire d'abeille blanche
1 cuillerée à soupe d'huile d'avocat
2 cuillerées à soupe d'huile d'amande douce
1 cuillerée à soupe d'eau de rose

Ustensiles

Deux casseroles
Un grand bol ou un petit saladier
Un petit pot à couvercle
Une étiquette

Préparation

Faites fondre la cire d'abeille au bain-marie, puis ajoutez-y l'huile d'avocat et l'huile d'amande douce. Mettez l'eau de rose à tiédir dans une autre casserole. Retirez les récipients du feu. Mixez le tout pour obtenir une épaisse pâte blanche. Elle se garde au réfrigérateur; après l'avoir appliquée sur votre visage, vous rincerez bien à l'eau tiède.

Autre recette :

Ingrédients

1 cuillerée à café de cire d'abeille
2 cuillerées à café de cire émulsifiante
8 cuillerées à café d'huile d'amande
4 cuillerées à café d'huile d'avocat
6 cuillerées à café d'eau de rose
1 pincée de borax
1 huile de parfum (au choix)

Ustensiles

Deux casseroles
Un grand bol ou un petit saladier
Deux ou trois petits pots à couvercle
Deux ou trois étiquettes

Préparation

Faites fondre les cires au bain-marie, puis ajoutez les huiles. Chauffez l'eau de rose dans un autre récipient et dissolvez-y le borax. Retirez du feu et mélangez aux cires et aux huiles en remuant. Quand la préparation est refroidie, ajoutez-y une huile de parfum et mettez votre crème en pots.
Pour une préparation plus crémeuse, il est possible d'ajouter 1 cuillerée de pulpe d'avocat écrasée.

Mettez vos crèmes dans de jolis pots, de préférence opaques, étiquetez-les en les personnalisant et faites-les découvrir en les offrant autour de vous.

—✦—

La crème à l'essence de lavande

Ingrédients

25 g de cétasal
68,5 g d'eau distillée
1,5 g de vitamine A en solution huileuse
3 g de soufre solubilisé
2 g d'essence de lavande

Ustensiles

Un bol
Un petit pot à couvercle
Une étiquette

Préparation

Mélangez le cétasal, l'eau distillée, la vitamine A et le soufre. Pour terminer, parfumez votre crème à l'essence de lavande. Mettez en pot et étiquetez.
Cette crème convient très bien aux peaux fragiles à tendance acnéique.

La crème d'abricot

Ingrédients

2 cuillerées à soupe de lanoline
2 cuillerées à soupe d'huile d'amande
1 cuillerée à soupe d'huile d'abricot
3 cuillerées à soupe de jus de citron

Ustensiles

Une casserole en Inox
Un fouet
Un ou deux petits pots à couvercle
Une ou deux étiquettes

Préparation

Faites fondre ensemble la lanoline, l'huile d'amande et l'huile d'abricot. Ajoutez le jus de citron au mélange. Lorsque la crème est bien refroidie, fouettez-la pour qu'elle devienne bien onctueuse. Mettez en pots et étiquetez.

Produits solaires

Face au soleil, à la mode d'un bronzage uniforme et soutenu, chaque personne réagit de manière inégale. Suivant votre phénotype, c'est-à-dire la couleur de vos yeux, de vos cheveux et la qualité de votre peau, vous profitez plus ou moins des bienfaits du soleil. C'est là que les plantes ont leur rôle à jouer. Pour adoucir les coups de soleil, on peut avoir recours à une application de suc d'aloès, à des compresses de concombre frais, à une infusion cicatrisante de fleurs de souci, ou à défaut, à du yaourt nature frais et battu. Préparez vos produits solaires dès le mois de mai, de manière à les avoir sous la main dès les premiers jours de beau temps. Usez et abusez-en à volonté. Si vous hydratez et protégez bien votre peau dès les premières expositions, elle sera mieux préparée pour la suite de l'été.

L'HUILE À BRONZER AU BEURRE DE CACAO

Ingrédients

3 cuillerées à soupe de beurre de cacao
3 cuillerées à soupe d'huile d'olive
3 gouttes d'huile de bergamote

Ustensiles

Une casserole
Un grand bol ou un petit saladier
Une petite bouteille avec son bouchon
Une étiquette

Préparation

Faites fondre le beurre de cacao au bain-marie. Ajoutez l'huile d'olive et l'huile de bergamote en remuant doucement. Retirez du feu. Lorsque le mélange est froid, mettez en bouteille et étiquetez.

LA CRÈME SOLAIRE À LA CAROTTE

Ingrédients

1 cuillerée à café de fleurs de lavande fraîches
1 cuillerée à café de fleurs de bruyère
10 cl d'huile d'avocat
8 gouttes d'huile essentielle de cannelle
5 cl d'huile de carotte

Ustensiles

Un mortier et un pilon
Une bouteille pour la macération
Une mousseline pour filtrer
Une petite bouteille avec son bouchon
Une étiquette

Préparation

Pilez soigneusement les fleurs dans le mortier. Mélangez-les aux huiles puis, laissez macérer pendant 24 heures en remuant de temps en temps. Filtrez, puis mettez en bouteille, bouchez et étiquetez.
Cette huile vous procurera un bronzage facile et cuivré. Faites attention cependant à ne l'utiliser que sur une peau déjà habituée au soleil depuis quelques jours.

LA LOTION BRUNISSANTE AU THÉ

Ingrédients

3 cuillerées à soupe d'huile de noix de coco
3 cuillerées à soupe de beurre de cacao
3 cuillerées à soupe d'huile d'olive
30 cl d'une infusion de thé très forte

Ustensiles
Un grand bol ou un petit saladier
Une casserole
Une ou deux petites bouteilles avec leurs bouchons
Une ou deux étiquettes

Préparation
Faites fondre l'huile de noix de coco et le beurre de cacao doucement au bain-marie. Ajoutez l'huile d'olive, puis retirez la casserole du feu. Versez le thé dans le mélange sans cesser de fouetter. Quand la préparation est tout à fait froide, mettez en bouteilles, bouchez et étiquetez.
Utilisez cette lotion généreusement, elle vous procurera un joli bronzage tout en hydratant bien votre peau.

L'HUILE SOLAIRE AU SÉSAME

Ingrédients
2 cuillerées à soupe de lanoline
4 cuillerées à soupe d'huile de sésame
6 cuillerées à soupe d'eau de rose
1 cuillerée à café de vinaigre de cidre

Ustensiles
Un grand bol ou un petit saladier
Une casserole
Une petite bouteille avec son bouchon
Une étiquette

Préparation
Faites fondre la lanoline au bain-marie, puis ajoutez l'huile. Retirez la casserole du feu et ajoutez l'eau de rose et le vinaigre en battant jusqu'à obtention d'une huile bien homogène.
Cette huile est particulièrement hydratante et est recommandée pour les climats venteux et desséchants.

L'HUILE À L'IODE CONTRE LES COUPS DE SOLEIL

Ingrédients
6 cuillerées à soupe de vinaigre de cidre
1/2 cuillerée à café d'iode
Quelques gouttes d'huile de lavande

Ustensiles
Un grand bol
Une petite bouteille avec son bouchon
Une étiquette

Préparation
Mélangez tous les ingrédients dans un bol pour obtenir une lotion homogène. Mettez en bouteille, bouchez et étiquetez.
Cette lotion soulage les petits coups de soleil et sera encore plus efficace si vous l'appliquez après avoir pris un bain tiède dans lequel vous aurez jeté 2 ou 3 sachets de thé, ce dernier ayant un fort pouvoir apaisant.

LA CRÈME HYDRATANTE APRÈS-SOLEIL PARFUMÉE

Ingrédients
2 cuillerées à soupe de beurre de cacao
2 cuillerées à soupe de lanoline
5 cuillerées à soupe d'essence de fleurs ou de fruits
1 cuillerée à café d'huile de germe de blé
4 cuillerées à soupe d'infusion aromatique; la lavande, le thym ou même le thé sont particulièrement recommandés
1 cuillerée à soupe de glycérine

Ustensiles
Deux casseroles
Deux ou trois petits pots à couvercle
Deux ou trois étiquettes

Préparation
Faites fondre le beurre de cacao et la lanoline sans cesser de remuer. Faites chauffer l'essence de fleurs ou de fruits que vous aurez choisie dans une autre casserole avec l'huile de germe de blé, puis mélangez le tout. Quand la préparation est tiède, ajoutez l'infusion et la glycérine en remuant avec vigueur. Mettez en pots, fermez et étiquetez.
Cette crème, particulièrement riche en éléments hydratants, est un véritable reconstituant de la peau après une longue exposition au soleil.

LA CRÈME FAMILIALE APRÈS-PLAGE

Ingrédients
100 g de beurre de cacao
125 g de lanoline
30 g de cire d'abeille blanche
125 g d'huile d'amande douce
50 g d'eau de rose
120 g de suc d'oignon de lis

Ustensiles
Une casserole
Un grand bol ou un petit saladier
Un mixer
Une mousseline pour filtrer
Cinq ou six petites bouteilles à ouverture large avec leurs bouchons, sinon cinq ou six bouchons de liège et éventuellement de la cire de bouchage
Cinq ou six étiquettes

Préparation
Faites fondre le beurre de cacao, la lanoline, la cire d'abeille au bain-marie, ajoutez l'huile d'amande douce et mélangez bien. Ajoutez l'eau de rose, enlevez du bain-marie et versez le suc d'oignon de lis passé au mixer. Filtrez, mettez en bouteilles, bouchez et étiquetez.
Peu onéreuse et facile à préparer, cette crème s'utilise largement sur toutes les peaux après une journée au soleil ou tout simplement au grand air.

LE THÉ A TOUT À LA FOIS DES PROPRIÉTÉS BRUNISSANTES ET CALMANTES. UN FORT COUP DE SOLEIL SERA APAISÉ PAR UN BAIN TIÈDE DANS LEQUEL VOUS AUREZ JETÉ TROIS OU QUATRE SACHETS DE THÉ.

APRÈS UNE EXPOSITION AU SOLEIL, TOUTES LES PEAUX ONT BESOIN D'ÊTRE HYDRATÉES. EN PLUS DU CONFORT IMMÉDIAT QU'ELLE VOUS APPORTERA, LA CRÈME FAMILIALE VOUS PERMETTRA DE CONSERVER UN BRONZAGE DURABLE.

L'EAU DE ROSE EST TRÈS HYDRATANTE, C'EST POURQUOI ELLE ENTRE DANS LA COMPOSITION DE NOMBREUSES CRÈMES DE BEAUTÉ. AVANT L'APPLICATION DE L'UNE D'ENTRE ELLES, VOUS POUVEZ VOUS VAPORISER LE VISAGE, LES EFFETS N'EN SERONT QU'AUGMENTÉS.

il Tradizionale
olio extra
vergine

Laits de beauté

Le premier rôle d'un lait de beauté est de nettoyer la peau et, selon les recettes, de participer à son hydratation. Cependant, en général, il requiert après son utilisation l'application d'une crème. Pour savoir si votre peau est parfaitement démaquillée, il existe une méthode toute simple : le dernier coton utilisé doit être parfaitement propre.

Si vous hésitez à acheter des produits qui ne se trouvent qu'en petite quantité dans une recette, reportez-vous à la fin de l'ouvrage où un index des ingrédients utilisés pour l'ensemble des chapitres du livre vous indiquera si vous pouvez employer ce produit dans une autre recette.

L'UTILISATION D'UNE CASSEROLE EN INOX OU EN VERRE ÉVITERA L'OXYDATION DES INGRÉDIENTS FRAGILES.

LE LAIT DE CONCOMBRE

Ingrédients

30 g de savon blanc
30 g de cire blanche d'abeille
30 g de blanc de baleine
30 g d'huile d'olive
200 g d'amandes douces broyées
50 cl de jus de concombre
50 cl d'eau distillée
100 g de glycérine
2 cuillerées à soupe d'alcool à 90°

Ustensiles

Une casserole
Un saladier
Un pilon
Un presse-agrumes
Cinq ou six bouteilles avec leurs bouchons, sinon cinq ou six bouchons de liège et éventuellement de la cire de bouchage
Cinq ou six étiquettes

Préparation

Faites fondre le savon, la cire d'abeille et le blanc de baleine au bain-marie. Quand le mélange est bien homogène, ajoutez l'huile d'olive, puis les amandes broyées.
Pressez les concombres en quantité suffisante pour obtenir 50 cl de jus. Ajoutez-le à votre préparation avec l'eau distillée, la glycérine et l'alcool. Mettez en bouteilles, bouchez et étiquetez.
Ce lait est recommandé aux peaux grasses.

Préférez toujours plusieurs petites bouteilles plutôt qu'une seule trop grande.

LE DÉMAQUILLANT AUX FRAISES

Ingrédients

100 g de fraises bien mûres
45 g de sucre
2 cuillerées à café de lanoline
2 cuillerées à café de cire émulsifiante
2 cuillerées à café d'huile de tournesol
3 gouttes de benjoin

Ustensiles

Deux casseroles
Une bouteille à ouverture large avec son bouchon, sinon un bouchon de liège et éventuellement de la cire de bouchage
Une étiquette

Préparation

Faites bouillir les fraises et le sucre dans une casserole. Laissez refroidir, puis refaites bouillir, laissez refroidir et placez au réfrigérateur. D'autre part, faites fondre la lanoline, la cire et l'huile. Ajoutez 2 cuillerées à soupe de la préparation aux fraises et le benjoin. Hors du feu, remuez le mélange jusqu'à ce qu'il prenne. Laissez refroidir, puis mettez en bouteille, bouchez et étiquetez.
Ce démaquillant est conseillé pour les peaux grasses.

LE LAIT À LA LANOLINE

Ingrédients

50 g de lanoline
25 g d'huile de coco
8 g de borax en poudre
35 g de savon médicinal
80 g d'eau chaude distillée
400 g d'eau de rose
400 g d'eau de fleur d'oranger
5 gouttes d'essence de bergamote ou 5 gouttes de teinture de musc

Ustensiles

Deux casseroles
Cinq ou six bouteilles avec leurs bouchons, sinon cinq ou six bouchons de liège et éventuellement de la cire de bouchage
Cinq ou six étiquettes

Préparation

Mélangez la lanoline, l'huile de coco, le borax, le savon et l'eau distillée, que vous aurez fait chauffer au préalable, pendant 10 minutes. Diluez cette préparation en incorporant l'eau de rose et l'eau de fleur d'oranger tiédies. Parfumez soit à l'essence de bergamote, soit à l'essence de teinture de musc. Mettez en bouteilles et étiquetez.
Ce lait convient aux peaux fines et sèches.

LE LAIT D'AMANDE

Ingrédients

50 g de poudre d'amandes
100 g d'eau de rose
1 cuillerée à soupe de glycérine
10 gouttes de teinture de benjoin

Ustensiles

Un grand bol ou un petit saladier
Une mousseline pour filtrer
Deux petites bouteilles avec leurs bouchons, sinon deux bouchons de liège et éventuellement de la cire de bouchage
Deux étiquettes

Préparation

Délayez la poudre d'amandes dans l'eau de rose et laissez infuser pendant quelques heures. Filtrez ce liquide à travers une mousseline et ajoutez-y la glycérine. Ajoutez ensuite la teinture de benjoin pour la conservation. Mettez en bouteilles, bouchez et étiquetez. Ce lait a un pouvoir hydratant apporté par l'eau de rose qu'il contient, mais est aussi un désincrustant doux grâce à la poudre d'amandes.

AUTRE RECETTE :

Ingrédients

250 g d'amandes mondées
10 g de vaseline
10 g de cire d'abeille blanche
10 g de savon blanc râpé
700 g d'eau distillée
150 g d'eau de rose
50 g d'eau de fleur d'oranger
30 g d'alcool à 70°
40 g de teinture d'iris à 25 %
40 g d'extrait de jasmin
5 g de gomme arabique

Ustensiles

Un mortier et un pilon
Une casserole
Un saladier
Une mousseline pour filtrer
Cinq ou six bouteilles avec leurs bouchons, sinon cinq ou six bouchons de liège et éventuellement de la cire de bouchage
Cinq ou six étiquettes

Préparation

Pilez les amandes mondées. Faites fondre doucement la vaseline, la cire d'abeille et le savon au bain-marie, puis ajoutez un tiers de la poudre d'amandes environ. Malaxez soigneusement et ajoutez le reste des amandes.
Tout en pétrissant la pâte, incorporez l'eau distillée, l'eau de rose, l'eau de fleur d'oranger, l'alcool à 70°, la teinture d'iris, l'extrait de jasmin et enfin la gomme arabique. Filtrez à travers une mousseline. Broyez le résidu qui s'est déposé dans la mousseline en le mélangeant avec un peu d'eau distillée, filtrez et ajoutez-le au reste de la préparation. Recommencez cette opération une seconde fois. Mettez en bouteilles, bouchez et étiquetez.
Ce lait convient aux peaux normales et peu grasses.

LE LAIT DE ROSE

Ingrédients

225 g d'amandes douces pilées
25 g d'amandes amères pilées
30 g de vaseline
30 g de cire d'abeille blanche
20 g de savon blanc végétal
25 cl d'eau de rose
1 l d'eau distillée

Ustensiles

Un mortier et un pilon
Une casserole
Un saladier
Une mousseline pour filtrer
Deux ou trois bouteilles avec leurs bouchons, sinon deux ou trois bouchons de liège et éventuellement de la cire de bouchage
Deux ou trois étiquettes

Préparation

Pilez d'abord ensemble les amandes douces et les amandes amères dans un mortier à l'aide d'un pilon et placez-les dans un autre récipient. Faites fondre ensuite la vaseline, la cire d'abeille et le savon au bain-marie. Placez cette préparation dans un mortier, puis ajoutez 3 cuillerées à soupe du mélange d'amandes pilées. Malaxez en ajoutant petit à petit le reste des amandes, l'eau de rose et l'eau distillée. Filtrez, broyez bien le résidu, puis mélangez-le encore une fois au liquide et laissez infuser pendant 30 minutes. Filtrez à nouveau. Mettez en bouteilles, bouchez et étiquetez.
Ce lait s'utilise sur les peaux normales ou sèches. Il est tout à la fois démaquillant et hydratant.

LE LAIT À LA GLYCÉRINE

Ingrédients

80 g d'amidon
100 g de glycérine
200 g d'eau distillée
Quelques gouttes d'une essence de fleurs ou de fruits de votre choix pour parfumer

Ustensiles

Une casserole
Un grand bol ou un petit saladier
Une ou deux petites bouteilles avec leurs bouchons, sinon un ou deux bouchons de liège et éventuellement de la cire de bouchage
Une ou deux étiquettes

Préparation

Délayez l'amidon dans la glycérine et tiédissez le mélange au bain-marie en remuant. Incorporez l'eau distillée à cette préparation en l'agitant. Laissez refroidir et parfumez avec une essence de fleurs ou de fruits. Mettez en bouteilles, bouchez et étiquetez. Au lieu de l'eau distillée, vous pouvez utiliser de l'eau de fleur d'oranger; dans ce cas, il n'est pas nécessaire d'ajouter l'essence de fleurs ou de fruits.

LA POUDRE D'AMANDES A UN POUVOIR DÉSINCRUSTANT, ELLE NETTOIE ET DÉMAQUILLE TOUT À LA FOIS.

LORSQUE VOUS PRÉPAREZ LE DÉMAQUILLANT AUX FRAISES, PRÉVOYEZ DES FRUITS EN PLUS, QUE VOUS ÉCRASEREZ POUR EN FAIRE UN MASQUE. LÉGÈREMENT ACIDES, LES FRAISES DONNENT AUX PEAUX GRASSES FRAÎCHEUR ET ÉCLAT.

Lotions

Dans la mise en beauté de votre visage, la lotion a sa place bien à elle : avant le début du maquillage, la lotion achève le nettoyage de votre peau en donnant une grande sensation de fraîcheur et de bien-être. Selon les ingrédients qui la composent, la lotion aura un caractère plutôt adoucissant, notamment si elle contient de l'eau de rose ou une infusion de fleurs de sureau, ou au contraire un pouvoir tonifiant, ce qui est essentiel pour les peaux grasses. Composées avec des infusions de sauge, de souci, de prêle ou d'hamamélis, elles agissent comme un coup de fouet en refermant les pores de la peau et en raffermissant celle-ci. D'autres lotions ont des vertus curatives plus spécifiques : contre l'acné, les rougeurs, les taches de rousseur et bien sûr aussi contre les rides. Certaines font merveille pour atténuer le feu du rasoir. Essayez-en plusieurs et voyez celles qui vous conviennent le mieux. N'hésitez pas à alterner plusieurs produits. Pour se faire une bonne idée de leur efficacité, il faut un minimum de huit jours d'utilisation.

Pour conserver en bon état les étiquettes des produits qui servent souvent, pensez à les vaporiser avec un fixatif à peinture.

La lotion tonique à la menthe

Ingrédients

2 cuillerées à soupe de romarin
La peau complète d'un quart d'orange
La peau complète d'un demi-citron
4 brins de menthe
1/4 de tasse de vodka
1/2 tasse d'eau de rose

Ustensiles

Une grande bouteille pour la macération
Une mousseline pour filtrer
Deux ou trois petites bouteilles avec leurs bouchons, sinon deux ou trois bouchons de liège et éventuellement de la cire de bouchage
Deux ou trois étiquettes

Préparation

Mettez tous les ingrédients dans une grande bouteille. Laissez macérer pendant 48 heures en remuant souvent. Filtrez, mettez en bouteilles, bouchez et étiquetez. Cette lotion traite les peaux grasses.

EAU FLORALE
FLEURS DE ROSE
ABSOLUT
Country of Sweden
VODKA

LE COING EST UN FRUIT MYTHIQUE QUI ÉTAIT AUTREFOIS LARGEMENT UTILISÉ DANS LES PRODUITS DE BEAUTÉ. IL EST DOMMAGE QU'IL SOIT TOMBÉ EN DÉSUÉTUDE, CAR IL POSSÈDE DE FORTES PROPRIÉTÉS ADOUCISSANTES.

QUANT AU CONCOMBRE, IL EST CONNU POUR SON ACTION DOUCE ET RAFRAÎCHISSANTE ET SES VERTUS ASTRINGENTES SUR LES PEAUX GRASSES DONT IL RESSERRE LES PORES DILATÉS.

LA MYRRHE EST UNE PLANTE UTILISÉE DEPUIS L'ANTIQUITÉ : ELLE EST PURIFIANTE ET ANTISEPTIQUE ET ACTIVE LA CIRCULATION.

L'EAU DE COING

Ingrédients

2 coings
1 l d'eau
1 g d'acide salicylique

Ustensiles

Une casserole
Une mousseline pour filtrer
Deux ou trois petites bouteilles avec leurs bouchons
Deux ou trois étiquettes

Préparation

Épluchez les coings. Faites bouillir 50 g de pépins de coing encore enveloppés dans leur mucilage et 50 g de peau dans 1 l d'eau. Laissez frissonner pendant 5 minutes. Ajoutez l'acide salicylique. Laissez refroidir, puis filtrez. Mettez en bouteilles, bouchez et étiquetez. La chair des fruits, non utilisée dans cette recette, pourra servir à faire des confitures.
L'eau de coing a des propriétés adoucissantes.

LA LOTION AU CONCOMBRE

Ingrédients

2 concombres (pour un verre de jus)
25 g de poudre d'amandes douces
1 cuillerée à café d'alcool à 70°
2 gouttes d'essence de roses

Ustensiles

Un presse-agrumes pour obtenir le jus des concombres
Un grand bol ou un petit saladier
Une mousseline pour filtrer
Une bouteille avec son bouchon
Une étiquette

Préparation

Pressez les concombres, ajoutez la poudre d'amandes au jus obtenu. Mélangez bien, puis filtrez. Ajoutez l'alcool et l'essence de roses pour parfumer. Mettez en bouteille, bouchez et étiquetez.
Cette lotion est parfaite pour lutter contre les rides.

LA LOTION VIRGINALE

Ingrédients

1 l d'eau de rose
10 g de teinture d'opopanax
10 g de teinture de myrrhe
10 g de teinture de benjoin
4 g d'essence de citron
Quelques gouttes d'essence de bois de Panama

Ustensiles

Une bouteille avec son bouchon, sinon un bouchon de liège et éventuellement de la cire de bouchage
Une étiquette

Préparation

Mélangez l'eau de rose avec les autres ingrédients. Secouez bien la bouteille, puis ajoutez quelques gouttes d'essence de bois de Panama qui auront un effet stabilisateur.
Bouchez et étiquetez.

LE TONIQUE À L'HUILE DE NOISETTE

Ingrédients

1/2 verre d'eau de rose
5 cl d'hamamélis
5 cl de vinaigre blanc
20 gouttes d'huile de noisette
5 gouttes d'alcool à 60°

Ustensiles

Une petite bouteille avec son bouchon
Une étiquette

Préparation

Versez directement tous les ingrédients dans la bouteille et agitez bien. Bouchez et étiquetez. Appliquez ce tonique pour peau grasse sur le visage tous les deux jours. Pensez à bien le secouer avant chaque utilisation.

LE TONIQUE À LA FLEUR D'ORANGER

Ingrédients

50 cl d'eau de fleur d'oranger
4 cuillerées à soupe de vodka
2 cuillerées à soupe de miel liquide
Quelques gouttes d'une essence de fleurs ou de fruits pour parfumer (éventuellement)

Ustensiles

Une bouteille avec son bouchon
Une étiquette

Préparation

Mélangez tous les ingrédients dans la bouteille. Secouez-la bien pour que le miel se dissolve complètement. En principe, le parfum délicat de l'eau de fleur d'oranger se suffit à lui-même, mais, si vous le souhaitez, vous pouvez ajouter un autre parfum. Laissez reposer pendant quelques jours en agitant de temps en temps. Bouchez et étiquetez.
Ce tonique, qui convient à tout type de peau, est particulièrement recommandé après un lait démaquillant, il peaufinera le nettoyage de la peau tout en l'hydratant.

LA LOTION ASTRINGENTE À LA SAUGE ET AU CITRON

Ingrédients

4 cuillerées à soupe de feuilles fraîches de sauge
4 cuillerées à soupe de vodka
2 cuillerées à soupe de jus de citron
1 cuillerée à soupe de glycérine

Ustensiles

Un bol
Une mousseline pour filtrer
Une bouteille avec son bouchon, sinon un bouchon de liège et éventuellement de la cire de bouchage
Une étiquette

Préparation

Faites tremper les feuilles de sauge dans la vodka pendant 1 semaine. Ajoutez ensuite le citron et la glycérine. Filtrez à travers une mousseline, mettez en bouteille, bouchez et étiquetez.

Bergamote,
fleur d'oranger, sauge,
miel, autant d'odeurs
qui accompagnent le
moment agréable
de la toilette.

—✦—

LA LOTION POUR LE CORPS AU MIEL

Ingrédients

2 cuillerées à soupe d'huile d'amandes douces
2 cuillerées à soupe d'huile de germe de blé
1 cuillerée à soupe de miel liquide
2 cuillerées à café d'eau de fleur d'oranger
1 cuillerée à café de borax
Quelques gouttes d'huile de bergamote

Ustensiles

Un petite casserole
Une bouteille avec son bouchon
Une étiquette

Préparation

Mélangez les huiles et le miel. Chauffez l'eau de fleur d'oranger et faites-y dissoudre le borax. Ajoutez l'huile de parfum. Fouettez tous les ingrédients ensemble, puis mettez en bouteille. Bouchez et étiquetez.

Eau
de
Parfum
EAU FLORALE
FLEURS DE ROSE

Eaux parfumées

Avec un peu d'expérience et de pratique, vous verrez qu'il est extrêmement amusant de composer soi-même ses eaux de toilette et ses parfums. Les eaux de toilette sont beaucoup plus légères que les parfums. Ceux-ci s'obtiennent en mélangeant diverses essences diluées dans une toute petite quantité d'alcool à 90°, ce qui rend leur arôme très intense. Les essences qui entrent dans la composition des parfums peuvent, pour certaines d'entre elles, être assez onéreuses. Lorsque vous ajouterez l'alcool à votre composition, faites-le goutte à goutte afin de ne pas tout gâcher. Fiez-vous à votre odorat et, surtout, n'oubliez pas que les mélanges ont besoin de mûrir, généralement deux à trois semaines, avant de donner leur résultat définitif. Lorsque vous aurez trouvé une recette qui vous plaît, notez-en soigneusement les proportions avant de l'oublier.

POUR PARFUMER VOS PRODUITS DE BEAUTÉ, PENSEZ À UTILISER LA MÉTHODE DE L'ENFLEURAGE QUI EST DONNÉE PAGE 115.

L'EAU DE HONGRIE

Ingrédients

3 clous de girofle
5 g de noix muscade râpée
10 g de benjoin
10 g de storax
10 g de gomme arabique
25 g d'amandes douces
15 g de poudre d'iris
5 g de poudre de cannelle
12 gouttes d'essence de bergamote
12 gouttes d'essence de citron
12 gouttes d'essence de roses
1 l d'alcool à 30°

Ustensiles

Une terrine ou un récipient qui pourra être couvert pour la macération
Une mousseline pour filtrer
Deux ou trois petites bouteilles avec leurs bouchons, sinon deux ou trois bouchons de liège et éventuellement de la cire de bouchage
Deux ou trois étiquettes

Préparation

Mettez tous les ingrédients à macérer dans l'alcool et couvrez. Attendez 2 semaines, puis passez. Exprimez le dépôt en le plaçant dans une mousseline. Filtrez le liquide ainsi obtenu et ajoutez-le au résultat du premier filtrage. Mettez en bouteilles, bouchez et étiquetez.

ÉTIQUETEZ BIEN VOS PARFUMS ET EAUX DE TOILETTE AU FUR ET A MESURE POUR NE PAS LES CONFONDRE.

LES BOUQUETS SONT DES RECETTES DE PARFUMS ANCIENNES, QUI ÉTAIENT TRÈS EN VOGUE AU XIXe SIÈCLE.

SI VOUS N'AVEZ PAS DE PETITES BOUTEILLES, PENSEZ À VOUS PROCURER DES PETITS FLACONS EN VERRE FUMÉ VENDUS DANS LES PHARMACIES.

L'EAU DE LAVANDE

Ingrédients

300 g de fleurs de lavande
1 l d'alcool à 60°

Ustensiles

Une grande bouteille pour la macération
Une mousseline pour filtrer
Deux ou trois petites bouteilles avec leurs bouchons, sinon deux ou trois bouchons de liège et éventuellement de la cire de bouchage
Deux ou trois étiquettes

Préparation

Faites macérer les fleurs de lavande dans l'alcool pendant 3 semaines. Filtrez et mettez en bouteilles. Bouchez et étiquetez.

AUTRE RECETTE :

Ingrédients

110 g de fleurs de lavande
1 l d'alcool à 45°
10 gouttes d'huile essentielle de lavande

Ustensiles

Une grande bouteille pour la macération
Une mousseline pour filtrer
Deux ou trois petites bouteilles avec leurs bouchons, sinon deux ou trois bouchons de liège et éventuellement de la cire de bouchage
Deux ou trois étiquettes

Préparation

Faites macérer les fleurs de lavande dans l'alcool pendant 1 mois. Filtrez, puis ajoutez l'huile essentielle. Mettez en bouteilles, bouchez et étiquetez.

L'EAU DE TOILETTE À LA SAUGE

Ingrédients

3 cuillerées à soupe de feuilles de sauge
3 cuillerées à soupe de feuilles de basilic
1 l d'alcool à 45°
10 gouttes d'huile essentielle de sauge
10 gouttes d'huile essentielle de basilic

Ustensiles

Une bouteille avec son bouchon pour la macération
Une mousseline pour filtrer
Deux ou trois petites bouteilles avec leurs bouchons
Deux ou trois étiquettes

Préparation

Faites macérer les plantes dans l'alcool pendant 2 semaines, puis filtrez et ajoutez les huiles essentielles. Mettez en bouteilles, bouchez, étiquetez et conservez de préférence à l'abri de la lumière.
Cette eau de toilette agit contre la transpiration et a des vertus tonifiantes.

LE BOUQUET D'AMOUR

Ingrédients

6 gouttes d'essence de roses
6 gouttes d'essence de jasmin
6 gouttes d'essence de violette
6 gouttes d'essence de cassis
8 gouttes de teinture de musc
8 gouttes de teinture d'ambre gris
Alcool à 90°

Ustensiles

Un compte-gouttes
Une petite bouteille avec son bouchon
Une étiquette

Préparation

Mélangez toutes les essences dans une petite bouteille. Vous doserez ensuite l'alcool au compte-gouttes en vous fiant à votre odorat et à vos goûts personnels. La meilleure méthode est de mettre d'abord 5 ou 6 gouttes d'alcool; bouchez la bouteille, agitez bien et constatez le résultat obtenu. Recommencez l'opération en ajoutant les gouttes d'alcool une par une : sur de si petites quantités d'essences, une dissolution, si infime soit-elle, peut tout changer.
Lorsque la fragance vous convient, bouchez, étiquetez et conservez si possible à l'abri de la lumière.
Il est préférable de laisser mûrir votre composition de 2 à 3 semaines avant de l'utiliser.

L'EAU DE COLOGNE SIMPLE

Ingrédients

25 gouttes de teinture de benjoin
10 gouttes d'essence de lavande
10 gouttes d'essence de bergamote
10 gouttes d'essence de citron
5 gouttes d'extrait d'ambre
1 l d'alcool à 70°

Ustensiles

Une grande bouteille pour la macération
Une mousseline pour filtrer
Deux ou trois petites bouteilles avec leurs bouchons, sinon deux ou trois bouchons de liège et éventuellement de la cire de bouchage
Deux ou trois étiquettes

Préparation

Mélangez tous les ingrédients dans l'alcool. Laissez reposer de 2 à 3 jours en remuant de temps et temps, puis filtrez à travers une mousseline avant de mettre en bouteilles. Bouchez et étiquetez.

L'EAU DE COLOGNE IMPÉRIALE

Ingrédients

2 l d'alcool à 70°
125 g de fleurs de violette
125 g de jacinthe
125 g de jonquilles
125 g de roses musquées
50 g de rhizomes d'iris pulvérisés
25 g de muscade concassée
25 g de clous de girofle concassés
50 g de santal en poudre
15 g d'essence de Portugal
15 g d'essence de bergamote
15 g d'essence de limette
8 g de teinture de musc et d'ambre
125 g d'eau de jasmin
125 g d'eau de fleur d'oranger

Ustensiles

Une grande terrine, ou un grand récipient non poreux, qui pourra être couvert pour la macération
Une mousseline pour filtrer
Sept ou huit bouteilles avec leurs bouchons, sinon sept ou huit bouchons de liège et éventuellement de la cire de bouchage
Sept ou huit étiquettes

Préparation

Versez l'alcool sur les fleurs et les épices. Laissez macérer pendant 8 jours en couvrant et en remuant de temps en temps. Ajoutez ensuite les essences et les teintures et mélangez bien avec une cuiller en bois. Pour terminer votre eau de Cologne, vous ajouterez l'eau de jasmin et l'eau de fleur d'oranger en remuant à nouveau. Filtrez, mettez en bouteilles, bouchez et étiquetez.

LE BOUQUET DE LA REINE D'ANGLETERRE

Ingrédients

20 g d'essence de roses
20 g d'essence de violette
10 g d'essence de tubéreuse
5 g d'essence de fleur d'oranger
2 g d'essence de bergamote
Alcool à 90°

Ustensiles

Une petite bouteille avec son bouchon
Un compte-gouttes
Une étiquette

Préparation

Mettez toutes les essences dans la bouteille et procédez selon la même méthode que celle qui est expliquée dans la recette du bouquet d'amour. Ce mélange de senteurs était très apprécié à l'époque de la reine Victoria.

L'eau de Cologne, terme qui est passé dans le langage courant, doit véritablement son nom à la ville allemande de Cologne. On dit qu'elle y fut inventée par un marchand ambulant vers 1690. Sa recette de base, telle qu'elle est donnée sur la page ci-contre, doit contenir tous ces ingrédients pour garder ses vertus vivifiantes bien connues. Mais, sur les même bases, vous pouvez réaliser toutes sortes d'eaux parfumées très simples en faisant macérer, par exemple, le zeste de deux citrons ou de deux oranges ou encore d'un pamplemousse, ou même ces trois agrumes mélangés, dans un quart de litre d'alcool à 60°. Au bout d'une quinzaine de jours, le mélange prendra une belle couleur dorée. Filtrez et mettez en bouteille. Pour ajouter une note poivrée, mettez dans la bouteille un clou de girofle ou, pour une note fraîche, quelques feuilles d'estragon.

Les compositions à base de lavande sont aussi toujours très agréables. Si vous récoltez cette dernière vous-même, cueillez-la plutôt au mois de juillet et faites-la sécher à l'abri de la lumière. Vous obtiendrez une lotion parfumée économique et qui conviendra à toute la famille, y compris aux enfants, car elle ne contient que très peu d'alcool. Faites macérer d'une part 200 grammes de lavande sèche dans un demi-litre d'alcool à 40° pendant deux semaines. Dans le même temps, faites macérer 500 grammes de pétales de roses dans un demi-litre d'eau avec 30 grammes de sel, puis, filtrez et mélangez les deux préparations.

SAVON
EXTRA PUR
ABLE SOAP

Savons

Toutes les fantaisies sont permises pour colorer, embellir ou parfumer un savon. Vous pourrez vous servir de n'importe quel colorant alimentaire, le verre et le rouge étant parfaits. Pour le jaune, vous emploierez quelques gouttes d'une infusion de safran que vous obtiendrez en laissant reposer une cuillerée à café de safran dans une tasse d'eau bouillante pendant deux jours. Beaucoup d'ingrédients rendent le savon plus agréable à utiliser : la glycérine le rend soyeux, le miel, la lanoline, les amandes en poudre le rendront plus doux. Il vous est même possible d'ajouter à votre mélange de l'avocat ou de la fraise ! Une grande variété d'herbes peuvent être additionnées : romarin ou marjolaine, consoude, géranium, achillée, persil ou chèvrefeuille...

DU CAFÉ, DU THÉ TRÈS FORTS OU MÊME DU CHOCOLAT PEUVENT AUSSI ÊTRE DE BONS COLORANTS.

LE SAVON BLANC DE BASE

Ingrédients

2 tasses d'eau distillée
5 cuillerées à soupe de cristaux de soude caustique
4 tasses de saindoux

Ustensiles

Un saladier, de préférence en verre
Une casserole
Des moules
Du papier de soie
Des étiquettes

Préparation

Versez l'eau dans un saladier de verre, ajoutez la soude sans cesser de remuer pour une bonne dissolution. La soude génère elle-même de la chaleur, il est donc inutile de chauffer. Faites fondre le saindoux dans une casserole. Ajoutez la soude diluée très lentement en remuant avec une cuiller en bois. Le saindoux va rosir, signe de la réaction chimique, puis reblanchir peu à peu. Remuez délicatement pendant 30 minutes environ en observant quelques arrêts de temps en temps. Lorsque le mélange a l'aspect d'une épaisse crème anglaise, vous pouvez ajouter parfum, colorant ou huile. Versez dans des moules tout en remuant. Recouvrez-les d'une serviette pour éviter que le savon ne sèche trop rapidement et rangez-les dans un endroit sec et chaud. Les savons seront prêts au bout de 2 semaines, quelquefois un peu plus en cas d'additifs. Mettez les savons dans du papier de soie et étiquetez.

L'ajout de flocons d'avoine, qui peut se faire dans toutes les recettes de savon, rend la peau plus douce par son effet de gommage.

Vous pouvez utiliser toutes sortes de moules pour vos savons : moules à gâteau, ramequins en terre ou en faïence, mais aussi des moules à petit four ou à tartelette pour les savons destinés aux invités.

Le savon à la poudre d'amandes

Ingrédients

300 g de poudre d'amandes
Eau minérale ou eau de rose
25 g de racine d'iris en poudre
Quelques gouttes d'une essence de fleurs ou de fruits (éventuellement)

Ustensiles

Un mortier
Un pot avec son couvercle
Une étiquette

Préparation

Délayez la poudre d'amandes dans un mortier avec très peu d'eau minérale ou d'eau de rose jusqu'à obtention d'une pâte lisse et épaisse. Ajoutez la racine d'iris en poudre et, éventuellement, quelques gouttes d'une essence de fleurs ou de fruits que vous aurez choisie. Mettez en pot et étiquetez. Ce savon simple est tout à la fois désincrustant et très doux pour les peaux fragiles.

Le savon très doux au miel

Ingrédients

250 g de savon râpé
2 cuillerées à café d'huile de maïs
60 g de miel
2 cuillerées à café d'essence de girofle

Ustensiles

Un grand bol ou un petit saladier
Deux casseroles
Des moules
Du papier de soie
Des étiquettes

Préparation

Pour la réalisation de cette préparation, vous devrez vous servir du savon de base dont la recette est donnée page 89. Vous utiliserez le savon avant que vous ne l'ayez versé dans des moules, au stade où il est encore mou. En revanche, si vous l'avez préparé depuis longtemps, il vous faudra le râper en copeaux.
Versez le savon, l'huile de maïs et le miel dans un bol et faites-les ramollir lentement au-dessus d'une casserole d'eau bouillante. Mélangez vigoureusement avec une cuiller en bois, versez dans une autre casserole en ajoutant l'essence de girofle. Chauffez sans cesser de remuer jusqu'à obtention d'une pâte bien lisse. Répartissez dans de petits moules et attendez que le mélange soit froid pour démouler. Rangez les savons dans un endroit tiède et sec pendant 2 semaines pour les faire durcir, mettez-les dans du papier de soie et étiquetez.
Le miel rend ce savon doux et agréable pour la peau.

Le savon aux herbes de jardin

Ingrédients

7,5 cl d'une infusion d'herbe de votre choix (camomille, verveine, menthe, tilleul, etc.)
3 cl de jus de citron
125 g de savon blanc
1 cuillerée à soupe d'herbes fraîches hachées de votre choix (romarin, lavande ou même basilic, etc.)
1 cuillerée à soupe de flocons d'avoine
5 gouttes d'une huile essentielle de votre choix

Ustensiles

Une tasse
Une casserole
Des moules
Du papier de soie
Des étiquettes

Préparation

Pour la réalisation de cette préparation, vous devrez vous servir du savon de base dont la recette est donnée page 89. Vous utiliserez ce savon avant que vous ne l'ayez versé dans des moules, au stade où il est encore mou. En revanche, si vous l'avez préparé depuis longtemps, il vous faudra le râper en copeaux.
Préparez l'infusion et faites-la chauffer avec le jus de citron et le savon blanc. Quand le mélange est refroidi, ajoutez les herbes, les flocons d'avoine et l'huile essentielle. Versez dans des moules. Recouvrez-les d'une serviette pour éviter que le savon ne sèche trop rapidement et rangez-les dans un endroit sec et chaud. Les savons seront prêts au bout de 2 à 3 semaines. Mettez-les dans du papier de soie et étiquetez.
Il est préférable que l'herbe entrant dans la composition de l'infusion soit différente de celles qui seront hachées. Les herbes ont un effet tonifiant, tandis que les flocons d'avoine sont très adoucissants pour la peau.

Le savon liquide

Ingrédients

8 cuillerées à soupe de savon râpé
4 l d'eau
2 cuillerées à soupe de glycérine

Ustensiles

Une casserole
Une bouteille avec un bouchon verseur ou, mieux, un flacon de récupération avec une petite pompe doseuse

Préparation

Mélangez tous les ingrédients dans une casserole et faites chauffer à feu doux; remuez avec une cuiller en bois afin que le savon se dissolve bien. Versez dans une bouteille et étiquetez.
Ce savon peut être utilisé pour les nettoyages dans la maison et pour vous laver les mains.

Les trois ingrédients de base nécessaires à la fabrication du savon, eau, graisse et soude ou potasse, se trouvent facilement dans le commerce. L'eau doit être douce. Si vous habitez une région où cette dernière est très calcaire, adoucissez-la avec quelques cuillerées à dessert de borax. La recette du savon de base, donnée page 89, indique d'utiliser du saindoux, qui est de la graisse de porc, parce qu'elle est la graisse animale la plus facile à trouver. Mais vous pouvez très bien choisir de la graisse de bœuf ou même de l'huile de ricin, qui est plus onéreuse.

Quant à la soude, elle s'achète dans les drogueries, mais vous il vous est possible de la faire vous-même à partir de cendres de bois durs comme le chêne, l'érable ou les bois fruitiers. La recette en est simple si vous habitez à la campagne. Utilisez un baquet en bois de grande taille, au fond duquel vous aurez aménagé un trou. Surélevez-le et placez en dessous une bassine émaillée. Tapissez le baquet de paille, cela évitera que les cendres ne passent, et remplissez-le de cendres. Formez un creux et versez-y deux ou trois litres d'eau très chaude. La solution sera d'autant plus concentrée que la masse de cendres imprégnée sera importante. L'eau mettra deux ou trois jours à s'écouler. Si nécessaire, filtrez et faites bouillir pour obtenir des cristaux. Comme son nom l'indique, la soude est très caustique et attaque des matériaux tels que les plastiques ou le fer blanc, il est donc indispensable de n'utiliser que des récipients en verre ou émaillés, en acier inoxydable ou en terre.

LE SAVON AU TILLEUL

Ingrédients

30 cl d'une forte infusion de tilleul
4 cuillerées à soupe de jus de pamplemousse
350 g de savon blanc
4 cuillerées à soupe de flocons d'avoine
5 gouttes d'huile essentielle de giroflée

Ustensiles

Une casserole
Des moules
Du papier de soie
Des étiquettes

Préparation

Pour cette préparation, vous devrez vous servir du savon de base dont la recette est donnée page 89. Vous utiliserez ce savon avant que vous ne l'ayez versé dans des moules, au stade où il est encore mou. En revanche, si vous l'avez préparé depuis longtemps, il vous faudra le râper en copeaux. Faites chauffer l'infusion avec le jus de pamplemousse et le savon blanc. Quand le mélange est refroidi, ajoutez les flocons d'avoine et l'huile de giroflée. Mélangez bien à nouveau pour rendre la pâte homogène. Versez dans des moules. Recouvrez-les d'une serviette pour éviter que le savon ne sèche trop vite et rangez-les dans un endroit sec et chaud. Les savons seront prêts au bout de 2 à 3 semaines. Mettez-les dans du papier de soie et étiquetez.

Lotions capillaires

Les plantes sont les meilleures alliées de la santé de vos cheveux. Si la camomille est réputée pour éclaircir les cheveux, la rhubarbe a les mêmes propriétés, ce qui est beaucoup moins connu. Les infusions de sauge répétées dissimulent les cheveux blancs, et le henné donne des reflets roux. Pour avoir de beaux cheveux, il y a deux secrets essentiels : d'abord, il vous faut changer de shampooing souvent. Faites deux préparations que vous utiliserez en alternance, puis employez une autre recette et recommencez avec les précédentes. Et, si votre eau est très calcaire, offrez-vous une fois de temps en temps un lavage à l'eau de pluie. Prévoyez-en suffisamment, surtout si vous avez les cheveux longs car, avec de l'eau très douce, le shampooing mousse beaucoup plus.

Le shampooing au savon blanc et aux herbes

Ingrédients

25 g de la plante correspondant à votre type de cheveux : camomille pour les cheveux blonds, capucine pour les pellicules et ortie pour les cheveux gras
60 cl d'eau distillée
25 g de savon râpé (voir recette page 89)
Quelques gouttes d'une huile essentielle pour le parfum

Ustensiles

Un grand bol ou un petit saladier
Une mousseline pour filtrer
Une casserole
Une bouteille avec son bouchon
Une étiquette

Préparation

Faites une infusion avec les herbes et l'eau distillée en la laissant macérer pendant une nuit. Filtrez avant de verser dans une casserole. Ajoutez le savon et chauffez à feu doux sans le faire fondre. Laissez refroidir, ajoutez l'huile essentielle et versez dans une bouteille. Bouchez et étiquetez.

Le shampooing à la saponaire

Ingrédients

30 g de racine séchée de saponaire
30 g de plantes séchées : camomille ou tilleul pour cheveux blonds, romarin ou sauge pour cheveux noirs, souci pour cheveux roux, lavande pour cheveux gras, guimauve pour cheveux secs. Le thym convient à toutes les chevelures.

Ustensiles

Un saladier
Une casserole
Une mousseline pour filtrer
Une bouteille avec son bouchon
Une étiquette

Préparation

Mettez la racine de saponaire dans un saladier, couvrez-la d'eau bouillante et laissez macérer pendant une douzaine d'heures. Versez ce mélange dans une casserole et portez à ébullition pendant une quinzaine de minutes. Retirez du feu et ajoutez la plante de votre choix. Remuez et laissez refroidir. Filtrez, mettez en bouteille, bouchez et étiquetez.

Le shampooing doux

Ingrédients

1 cuillerée à soupe d'huile d'olive

1 jaune d'œuf
Le jus d'un citron
2 cuillerées à soupe de savon de base râpé dont la recette est donnée page 89
1 cuillerée à soupe d'huile d'amande douce

Ustensiles

Un bol

Préparation

Mélangez avec soin tous les ingrédients dans un bol.
Appliquez votre shampooing, massez bien le cuir chevelu et laissez reposer pendant 3 minutes. Un dernier rinçage à l'eau froide tonifiera vos cheveux et les rendra brillants.
En raison de la présence du jaune d'œuf, ce shampooing ne se conserve pas. Vous pouvez cependant préparer à l'avance le mélange de tous les autres ingrédients dans une bouteille en multipliant les proportions par quatre et n'ajouter le jaune d'œuf qu'au dernier moment.

LA LOTION AU QUINQUINA

Ingrédients

3 petites tasses d'huile de pépins de raisin
1 petite tasse de quinquina
Quelques gouttes d'une essence de fleurs de votre choix

Ustensiles

Deux petites bouteilles avec leurs bouchons
Deux étiquettes

Préparation

Mélangez directement les ingrédients dans les bouteilles et secouez bien. Bouchez et étiquetez. Cette lotion est fortifiante et favorise la pousse des cheveux. Vous la laisserez reposer pendant 1 heure avant de faire votre shampooing, puis vous l'utiliserez en friction.

LA LOTION AUX ORTIES

Ingrédients

50 g de feuilles d'ortie piquante
50 cl d'alcool à 40°

Ustensiles

Une bouteille pour la macération
Une mousseline pour filtrer
Une bouteille avec son bouchon
Une étiquette

Préparation

Faites macérer les feuilles dans l'alcool pendant 48 heures.
Filtrez, mettez en bouteille, puis bouchez et étiquetez.
Par cures d'une quinzaine de jours, frictionnez votre cuir chevelu tous les matins avec cette préparation très facile à réaliser et très efficace contre les pellicules.

LA LOTION POUR CHEVEUX REBELLES

Ingrédients

8 cuillerées à soupe d'une infusion de fleurs ou d'herbes
1 cuillerée à soupe d'eau de Cologne
1 cuillerée à soupe de glycérine

Ustensiles

Une petite bouteille avec son bouchon
Une étiquette

Préparation

Versez votre infusion et l'eau de Cologne dans une bouteille. Ajoutez la glycérine goutte à goutte et secouez bien. Bouchez et étiquetez.
Vous frictionnerez votre cuir chevelu avec cette lotion que vous répartirez avec un peigne.

LA FRICTION AU POIVRON

Ingrédients

150 g d'alcoolat de romarin
25 g d'huile de vaseline fluide
2 g d'essence de cannelle
3 g de teinture de poivron

Ustensiles

Une bouteille avec son bouchon
Une étiquette

Préparation

Mélangez soigneusement tous les ingrédients dans une bouteille, bouchez et étiquetez. Si vous avez les cheveux secs ou normaux, vous pouvez vous frictionner la tête avec ce mélange tous les soirs.

LA FRICTION CAMPHRÉE

Ingrédients

50 g d'alcool à 70°
50 g d'eau de rose
25 g d'éther
3 g de camphre
2 g d'acide borique
15 gouttes de teinture de benjoin

Ustensiles

Une bouteille avec son bouchon
Une étiquette

Préparation

Mélangez tous les ingrédients dans une bouteille, bouchez et étiquetez. Agitez la préparation avant chaque usage. Elle convient particulièrement bien aux cheveux gras.

POUR APPLIQUER LES FRICTIONS SUR VOTRE CHEVELURE, PENSEZ À UTILISER UN VAPORISATEUR.

LA VODKA, QUI EST UN ALCOOL NEUTRE ET PUR, PEUT PARFAITEMENT ÊTRE UTILISÉE POUR LA CONFECTION DES EAUX DE TOILETTE ET DES PARFUMS.

LA SAPONAIRE, AUSSI APPELÉE HERBE À SAVON, EST UNE PLANTE QUI CONTIENT DES SAPONINES NETTOYANTES, ÉLÉMENTS CHIMIQUES QUI MOUSSENT COMME DU SAVON.

Soins du corps

La plupart des ingrédients utilisés dans les recettes se trouvent facilement. Les huiles essentielles de fleurs et de plantes, dans les magasins de produits naturels, les boutiques d'aromathérapie ou les herboristeries. Ne négligez pas non plus les ressources presque infinies que peut vous offrir votre pharmacien. Certains d'entre eux ne sont pas très enclins à commander de petites quantités, mais insistez, c'est un service qui fait partie de sa profession.

LE DENTIFRICE AU CITRON

Ingrédients

1 cuillerée à café de racine d'iris en poudre
1/2 cuillerée à café d'huile de cannelle
1 cuillerée à café de feuilles de sauge
La pulpe écrasée d'un citron
1 cuillerée à soupe d'eau distillée

Ustensiles

Un petit bol
Un pot
Une étiquette

Préparation

Mélangez tous les ingrédients dans un petit bol, puis ajoutez l'eau distillée. Vous obtiendrez une pâte épaisse. Mettez en pot et étiquetez.
Le citron a la propriété d'éviter les aphtes, tandis que la sauge a des vertus antiseptiques puissantes.

LE DENTIFRICE À LA MENTHE POIVRÉE

Ingrédients

1 cuillerée à soupe de fécule de pomme de terre
1 cuillerée à café de sel marin
1/2 cuillerée à café de bicarbonate de soude
15 à 20 gouttes d'essence de menthe poivrée

Ustensiles

Un pilon et un mortier
Un pot avec son couvercle
Une étiquette

Préparation

Mettez tous les ingrédients dans un mortier et mélangez-les avec un pilon en écrasant bien. Mettez en pot la pâte sèche obtenue, puis fermez et étiquetez.

LA POUDRE À LA SAUGE

Ingrédients

1 petite poignée de sauge fraîche
Sel marin

Ustensiles

Un petit hachoir électrique
Un plat allant au four
Un mortier et un pilon
Un pot avec son couvercle
Une étiquette

Préparation

Lavez la sauge et ne choisissez que les feuilles les plus fraîches. Hachez le tout et ajoutez 1/2 cuillerée à café de sel et 1 cuillerée à soupe de sauge. Étalez dans un plat et faites cuire pendant 20 minutes dans un four préchauffé à 150 °C jusqu'à ce que la sauge soit sèche. À l'aide d'un pilon, réduisez le mélange en une fine poudre dans un mortier. Remettez au four pendant 15 minutes pour obtenir un mélange tout à fait poudreux. Dès qu'il sera froid, mettez-le dans un pot, fermez et étiquetez.

LE DENTIFRICE À L'AUBERGINE

Ingrédients

1 aubergine
Sel marin
Argile

Ustensiles

Du papier d'aluminium
Un pot avec son couvercle
Une étiquette

Préparation

Découpez l'aubergine en petits cubes et enveloppez-les un par un dans du papier d'aluminium. Faites-les cuire sur la braise d'un feu de cheminée pendant une bonne trentaine de minutes. Quand les cubes sont noircis et friables, réduisez-les en poudre et mélangez-la avec autant de sel et autant d'argile. Mettez en pot, fermez et étiquetez.
Le sel fortifie les gencives et blanchit les dents, comme le citron ou le charbon de bois.

LE DÉODORANT À LA LAVANDE

Ingrédients

30 g de fleurs de lavande
30 g d'écorce de chêne
30 g d'écorce de bouleau

Ustensiles

Une casserole
Une mousseline pour filtrer
Une bouteille avec son bouchon
Une étiquette

Préparation

Mettez les ingrédients dans une casserole et recouvrez de 2 l d'eau. Faites bouillir pendant 10 minutes, puis filtrez et laissez refroidir. Bouchez et étiquetez.
Cette lotion permet de lutter efficacement contre la transpiration. Elle peut être utilisée comme déodorant des aisselles, mais également des pieds.

L'EAU DÉODORANTE À LA MENTHE

Ingrédients

50 g d'eau d'hamamélis
2 g d'alun
1 g d'essence de menthol
30 g d'alcool à 90°

Ustensiles

Une casserole
Une petite bouteille avec son bouchon
Une étiquette

Préparation

Faites tiédir l'eau d'hamamélis et dissolvez-y l'alun. Ajoutez les autres ingrédients et mélangez bien. Mettez en bouteille, bouchez et étiquetez.
Cette eau déodorante est très efficace contre les transpirations qui résistent à tous les déodorants : d'une part, l'alun combat la transpiration, d'autre part, l'hamamélis a des propriétés vasoconstrictrices et enfin l'essence de menthol est puissamment rafraîchissante.

LE CITRON BLANCHIT LES DENTS ET LES REND PLUS BRILLANTES.

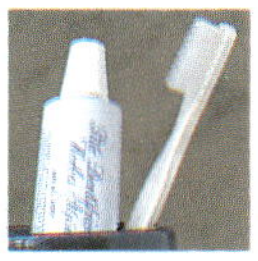

POUR UTILISER UN DENTIFRICE EN POUDRE, IL FAUT D'ABORD BIEN HUMIDIFIER VOTRE BROSSE A DENTS.

PENSEZ À METTRE VOS EAUX DÉODORANTES DANS DES VAPORISATEURS : BIEN DIFFUSÉES SUR LA PEAU, ELLES N'EN SERONT QUE PLUS EFFICACES.

LE BAIN-MARIE EST UNE TECHNIQUE VIEILLE COMME LE MONDE : ELLE AURAIT ÉTÉ INVENTÉE PAR MARIE LA JUIVE, UNE EXPÉRIMENTATRICE RÉPUTÉE À L'ÉPOQUE D'ALEXANDRE LE GRAND.

AVANT D'UTILISER UN CONTENANT, POT OU FLACON, VOUS DEVEZ LE LAVER IMPECCABLEMENT. LE MIEUX EST DE LE LAISSER TREMPER QUELQUES MINUTES DANS DE L'EAU DE JAVEL, DE LE RINCER À L'EAU COURANTE, PUIS DE L'ÉBOUILLANTER.

IL EST PRÉFÉRABLE D'UTILISER DES POTS ET DES FLACONS DE PETITE TAILLE, CAR LES PROPRIÉTÉS DES PRODUITS DE BEAUTÉ SE DÉTÉRIORENT RAPIDEMENT.

LA CRÈME POUR LES YEUX À LA CIRE D'ABEILLE

Ingrédients

15 g de lanoline
15 g de cire d'abeille
3 cl d'eau de rose
12,5 cl d'huile d'amande douce

Ustensiles

Deux casseroles
Un grand bol ou un petit saladier
Une pot avec son couvercle
Une étiquette

Préparation

Faites fondre la lanoline et la cire au bain-marie. Chauffez l'eau de rose dans une autre casserole. Enlevez les deux récipients du feu. Versez l'eau de rose et l'huile dans le mélange de lanoline et de cire et battez avec une cuiller en bois. Quand la préparation est refroidie, versez-la dans un petit pot, fermez et étiquetez.
Cette crème convient à la peau délicate et fine du contour de l'œil. Elle est également recommandée pour la peau des enfants.

LA CRÈME POUR LES MAINS

Ingrédients

1 cuillerée à soupe de cire d'abeille
2 cuillerées à soupe d'huile d'amande douce
1 cuillerée à soupe d'huile de noix de coco
2 cuillerées à soupe de glycérine

Ustensiles

Un petit bol
Une casserole
Un pot avec son couvercle
Une étiquette

Préparation

Faites fondre la cire et les huiles au bain-marie. Retirez le mélange du feu, puis ajoutez lentement la glycérine jusqu'à obtention d'une consistance crémeuse. Mettez en pot, fermez et étiquetez.
Cette crème adoucit et lisse les mains.

LA LOTION FORTIFIANTE POUR LES ONGLES

Ingrédients

50 cl d'eau de rose
Le jus d'un citron
10 g de borax
20 g de sel

Ustensiles

Un petit pot avec son couvercle
Une étiquette

Préparation

Mélangez les ingrédients dans le pot, puis fermez et étiquetez. Attendez une journée avant utilisation.
Cette lotion fortifiera vos ongles et assouplira les cuticules, ce qui vous permettra de les repousser plus facilement. De plus, le citron a un pouvoir blanchissant sur les ongles.

LE FORTIFIANT POUR LES CILS

Ingrédients

15 cl d'huile de vaseline
10 cl d'huile de pépins de raisin
1 cuillerée à café de rhum

Ustensiles

Un petit pot avec son couvercle
Une étiquette

Préparation

Mélangez soigneusement les ingrédients dans le pot, puis fermez et étiquetez.
Enduisez chaque soir vos cils avec ce mélange : il les fera épaissir. Mieux encore, vous pouvez, avant cette opération, laver vos cils avec une infusion de feuilles de noyer que vous préparez en laissant infuser 50 g de feuilles de noyer dans 50 cl d'eau pendant 30 minutes environ.
Filtrez avant usage.

LE BAUME BRILLANT POUR LES LÈVRES

Ingrédients

2 cuillerées à café de cire d'abeille
2 cuillerées à café d'huile d'amande douce
1 cuillerée à café d'huile de pépins de raisin
1 cuillerée à café d'eau de rose

Ustensiles

Un petit bol
Une casserole
Un petit pot avec son couvercle
Une étiquette

Préparation

Faites fondre la cire au bain-marie. Ajoutez les huiles et l'eau de rose en mélangeant. Versez la préparation dans un pot : elle durcira d'elle-même et vous aurez un baume blanc et brillant à appliquer sur vos lèvres.
Selon vos goûts, vous pourrez remplacer l'huile d'amande douce par de l'huile de noix de coco; l'eau de rose peut aussi être remplacée par de l'eau de fleur d'oranger.

LE VINAIGRE DES QUATRE VOLEURS

Ingrédients

8 g de sommités sèches d'absinthe
8 g de sommités sèches de romarin
8 g de sommités sèches de sauge
8 g de sommités sèches de menthe
8 g de fleurs de lavande
8 g de fleurs de thym
3 clous de girofle
90 cg d'ail
90 cg de cannelle moulue
90 cg de noix muscade
90 cg de racine d'iris en poudre
500 g de vinaigre de vin
16 g d'acide acétique
2 g de camphre dissous dans l'alcool

Ustensiles

Un mortier et un pilon
Une bouteille qui puisse être bouchée pour la macération
Une mousseline pour filtrer
Une bouteille avec son bouchon, sinon un bouchon de liège et éventuellement de la cire de bouchage
Une étiquette

Préparation

Pilez toutes les plantes et épices pour les réduire en une poudre grossière. Laissez macérer dans le vinaigre et l'acide acétique dans une bouteille bouchée, si possible au soleil. Remuez de temps en temps. Au bout d'une quinzaine de jours, filtrez le liquide et ajoutez le camphre. Mettez en bouteille, bouchez et étiquetez.
Au Moyen Âge, on pensait que ce vinaigre pouvait protéger de la peste. C'est ainsi que quatre voleurs, la figure protégée d'un linge humecté de cette préparation, avaient pu piller la ville de Toulouse ravagée par l'épidémie. Aujourd'hui, c'est un tonique vivifiant pour le visage.

Le vinaigre était un produit de toilette très utilisé par nos grand-mères. Il parfume, adoucit et a de délicieuses senteurs d'antan.

ALCOOL
à
90°
Benjoin
Sciroppo
di
mele
Sciroppo
di
Limoni
Sciroppo
di
amarene
CUCURBITA CITRULLUS
1 Water Melon
CACTUS
GRANDIFLORUS
6 Night Flowering Cereus

L'ARMOIRE À PHARMACIE

Infusions, tisanes et décoctions

Potions et élixirs

Petits remèdes

Infusions, tisanes et décoctions

Si vous ramassez vos plantes ailleurs que dans votre jardin, il vous faudra prendre quelques précautions : écartez-vous des endroits pollués, abords de champs dont les cultures ont pu être traitées, bords des routes et des chemins. Ne cueillez que les plantes que vous êtes bien sûr d'identifier et, au moindre doute, consultez un herboriste ou un pharmacien. Choisissez un jour clair et ensoleillé, évitez les heures trop matinales ou trop tardives dans l'après-midi. Enfin, ne récoltez que des spécimens sains, exempts de toute trace de moisissure, de taches suspectes, de parasites ou d'insectes.

À l'exception des racines, ne lavez surtout pas vos plantes et triez-les par catégories bien distinctement. Pour les faire sécher, étalez-les sur un drap, un caillebotis ou suspendez-les en bouquets pas trop serrés. Mettez à part celles qui dégagent une forte odeur. Fleurs et feuilles doivent absolument sécher à l'ombre tandis que les racines et les écorces peuvent être exposées au soleil. Quand elles sont bien sèches, évitez les manipulations inutiles et conservez-les à l'abri de la lumière dans une pièce tiède et aérée, soit dans des bocaux de verre, soit dans des boîtes en carton, soit encore dans des sachets en papier kraft. Si vous optez pour l'une de ces deux dernières solutions, ne posez pas vos réserves à même le sol. Étiquetez-les en indiquant bien le nom et la date de cueillette. Renouvelez vos stocks chaque année, au-delà, les plantes perdent leurs vertus.

Pour préparer vos tisanes, choisissez une eau très pure, l'eau de source est idéale. Les vieux dictionnaires recommandaient d'ailleurs de ne jamais utiliser l'eau des puits, mais de l'eau de pluie ! À chaque type de plante correspond un mode de préparation. Le plus simple est l'infusion. Deux cuillerées à café de plantes sèches, le double si elles sont fraîches, sont en général la bonne proportion. Versez l'eau bouillante et couvrez la tasse. Laissez infuser de cinq à dix minutes et passez avant de boire. La décoction concerne les plantes dont il est plus délicat d'extraire les principes actifs. Versez l'eau froide sur vos plantes et faites bouillir à feu doux pendant dix minutes. Enfin, vous pouvez avoir recours à la macération qui convient aux plantes contenant des huiles essentielles : faites tremper la plante dans une tasse d'eau froide pendant douze heures, puis chauffez le mélange et filtrez avant de la consommer. Les tisanes ne se conservent pas plus d'une journée.

Les tisanes sont de merveilleux petits bienfaits pour tous les jours.

LE TILLEUL

Propriétés

Utilisé seul, le tilleul est bien connu pour ses propriétés de sédatif doux; il est également très efficace pour soigner les rhumes en infusion composée.

Ramassage

Les fleurs doivent être cueillies au début de la floraison en été, juin et juillet, par temps sec. Mettez-les à sécher délicatement en évitant de les superposer.

Préparation

En tisane simple, 1 cuillerée à café de fleurs sèches pour une tasse d'eau bouillante que vous laissez infuser pendant 10 minutes. Vous ferez l'infusion composée contre le rhume en mélangeant à parts égales du tilleul, du sureau et de la camomille. Sur 1 cuillerée à café de ce mélange, versez une tasse d'eau bouillante et laissez infuser pendant 15 minutes. Boire très chaud en sucrant avec du miel.

LE PERSIL

Propriétés

Les fruits de l'espèce cultivée du persil contiennent une huile essentielle qui active la circulation du sang. Le persil a également des vertus digestives, diurétiques et stimule l'utérus. On l'utilise en cas d'inflammation de la vessie et des reins et de troubles digestifs.

Ramassage

Les graines se récoltent entre le mois d'août et le mois de septembre. Coupez les ombelles avant complète maturité. Étalez-les et séchez-les à l'ombre.

Préparation

Cette recette est à utiliser en tisane. Versez une tasse d'eau bouillante sur 1 cuillerée à café de graines de persil. Couvrez et laissez infuser pendant 15 minutes. Pour un effet diurétique, prenez une tasse de cette tisane le matin, mais ne l'utilisez pas en cas de grossesse.

LA CAMOMILLE ROMAINE

Propriétés

C'est l'huile volatile concentrée dans les toutes petites fleurs blanches ou jaune pâle qui a des propriétés médicinales.
La camomille a des vertus cicatrisantes, antiseptiques, et elle apaise les inflammations de la bouche et des yeux. Elle soigne également très bien les troubles digestifs et les maux de gorge.

Ramassage

La camomille romaine pousse sur des sols secs et sablonneux. Cueillez les inflorescences en été, de juin à août de préférence, après une période de beau temps. Faites sécher rapidement à l'ombre, au-dessous de 35 °C.

Préparation

Cette recette est à utiliser en compresses pour les affections des yeux. Versez 1 l d'eau bouillante sur 1 cuillerée à soupe de fleurs. Laissez infuser pendant 15 minutes. Faites une compresse tiède par œil et appliquez-les pendant 10 minutes. Recommencez plusieurs fois par jour.

LA SAUGE OFFICINALE

Propriétés

L'huile essentielle est concentrée dans ses feuilles. Celles-là, quand elles sont fraîches, peuvent être mâchées pour soigner les infections de la bouche et de la gorge.
La sauge a aussi des propriétés antiseptiques.

Ramassage

La sauge officinale pousse sous des climats ensoleillés et sur des sols secs et calcaires. Cueillez les feuilles juste avant ou au tout début de la floraison, de mai à septembre.

Préparation

Cette recette est à utiliser en gargarisme pour soigner les maux de gorge. Mettez 2 cuillerées à soupe de feuilles dans 50 cl d'eau. Portez à ébullition, retirez du feu. Couvrez et laissez infuser pendant 10 minutes. Utilisez cette infusion plusieurs fois en faisant des gargarismes prolongés, pendant cinq minutes au moins à chaque fois.

L'AIL

Propriétés

C'est le jus extrait de son bulbe qui contient les principes actifs. Il stimule les sécrétions de l'estomac et de la vésicule biliaire. L'ail est aussi un vermifuge, un antispasmodique et un fortifiant.

Ramassage

Déterrez les plants lorsque les feuilles commencent à se former, vers le mois de septembre. Conservez-les dans un endroit sec et frais.

Préparation

Hachez finement 1 gousse d'ail et mélangez-la à du lait chaud. Laissez reposer jusqu'à ce que la préparation tiédisse. Si vous êtes allergique à son odeur, vous pouvez aussi acheter en pharmacie ou dans les herboristeries des capsules à remplir. Tous les effets de l'ail seront ainsi neutralisés, haleine et problèmes digestifs.

LA MYRTILLE

Propriétés

La myrtille fraîche est très riche en vitamines. Sa peau contient des tannins et un pigment bleu très efficace pour le traitement de la diarrhée. Quant aux feuilles, utilisées en infusion simple, elles réduisent le taux de sucre dans le sang.

Ramassage

Les arbrisseaux portant les fruits poussent sur les sols riches en humus des forêts claires. Récoltez uniquement des fruits sains, bien mûrs, et dont la peau n'est pas éclatée. Faites-les sécher à l'ombre sur un cadre tendu d'un treillis. Les feuilles se ramassent avant la maturité des fruits, aux mois de juin et de juillet. Elles peuvent sécher au soleil.

Préparation

Versez 50 cl d'eau sur 3 cuillerées à soupe de baies sèches et laissez tremper pendant 5 minutes, puis faites bouillir pendant 10 minutes. Laissez refroidir cette décoction et buvez-en 3 ou 4 verres par jour.
Vous pouvez préparer une quantité plus importante à l'avance, que vous placerez au réfrigérateur, mais attention à ne pas dépasser 2 jours de conservation.

LA PENSÉE SAUVAGE

Propriétés

Cette plante de jardin a des propriétés diurétiques, fibrifuges, mais aussi expectorantes, c'est pourquoi elle est fréquemment utilisée pour soigner les bronchites.

Ramassage

La pensée sauvage pousse dans les champs, les pâturages de montagne et les collines sablonneuses. Il faut la récolter entière au moment de la floraison et la faire sécher rapidement à l'ombre.

Préparation

Cette recette s'utilise en tisane. Mettez 1 cuillerée à café de plante séchée dans l'équivalent d'une tasse d'eau fraîche. Faites bouillir pendant 2 ou 3 minutes et laissez infuser pendant 10 minutes. Vous pouvez aussi verser 1 tasse d'eau bouillante sur 2 cuillerées à soupe de feuilles et de fleurs fraîches. Laissez infuser pendant 5 à 10 minutes. Prenez une tasse de cette infusion deux fois par jour, en la buvant aussi chaude que possible. Vous pouvez sucrer avec du miel.
Pour l'eczéma, la pensée sauvage s'utilise aussi en bain, avec de la racine de saponaire, des feuilles de noyer et des feuilles d'hamamélis.

NE METTEZ EN BOCAUX QUE DES PLANTES POUR LESQUELLES VOUS ÊTES SÛR QU'ELLES SONT BIEN SÈCHES. LA PRÉSENCE D'HUMIDITÉ FAVORISE LE DÉVELOPPEMENT DES BACTÉRIES ET DES MOISISSURES.

SI VOTRE SÉCHAGE EST CORRECTEMENT EFFECTUÉ, VOS PLANTES À FLEURS DOIVENT NORMALEMENT CONSERVER TOUTES LEURS COULEURS.

LORSQUE VOUS FAITES DES DÉCOCTIONS, UTILISEZ DE PRÉFÉRENCE UNE CASSEROLE EN INOX POUR ÉVITER L'OXYDATION.

Potions et élixirs

Le mot élixir a une consonance un peu mystérieuse. S'il désigne aujourd'hui un liquide médicamenteux composé de plusieurs plantes dissoutes dans de l'alcool, on attribuait dans l'Antiquité bien d'autres vertus aux élixirs. Ainsi les alchimistes grecs employaient-ils du *xérion*, une poudre minérale grâce à laquelle ils espéraient pouvoir changer les métaux en or. Dans la civilisation islamique, *al-iksir* voulait dire « substance en poudre très fine ». Puis, au Moyen Âge, l'élixir désigna un philtre capable de prolonger la vie ou de provoquer l'amour. Il en va tout autrement de la « potion » qui, elle, garde une connotation intime et familière. Elle évoque plutôt des « remèdes de bonne femme ». Vous pourrez appliquer ces potions aux petits maux : toux, indigestion, rhumatismes. Il faut les administrer avec prudence et sur de courtes durées. Le bon sens commande de consulter un médecin si les symptômes persistent.

LE MIEL, GRÂCE AU SUCRE QU'IL CONTIENT, EST UN EXCELLENT CONSERVATEUR. DE PLUS, IL A L'AVANTAGE DE MASQUER LE GOÛT AMER DE CERTAINES PLANTES.

L'ÉLIXIR AU COQUELICOT

Ingrédients

1 cuillerée à soupe de fleurs de coquelicot sèches
1 cuillerée à soupe de bourrache sèche
1 cuillerée à soupe de tussilage sec
1 cuillerée à soupe de marrube blanc sec
Du miel, de thym si possible

Ustensiles

Une casserole
Une mousseline pour filtrer
Un pot avec son couvercle

Préparation

Mettez les fleurs et les herbes dans une casserole et versez dessus une bonne tasse d'eau de manière qu'elles soient bien recouvertes. Faites bouillir à petit feu pendant 10 minutes. Laissez refroidir, puis filtrez. Incorporez la préparation au miel en mélangeant énergiquement. Mettez en pot, fermez et étiquetez. Cet élixir calme la toux et adoucit la gorge; de plus, le coquelicot a un léger pouvoir sédatif sans danger pour les enfants.

LA POTION CONTRE LA MIGRAINE

Ingrédients

5 cuillerées à soupe de violettes séchées
5 cuillerées à soupe de thym séché
5 cuillerées à soupe de lavande séchée
5 cuillerées à soupe de mélisse officinale séchée
50 cl de vodka

Ustensiles

Une bouteille munie d'un bouchon pour la macération
Une mousseline pour filtrer
Deux petites bouteilles avec leurs bouchons, sinon deux bouchons de liège et éventuellement de la cire de bouchage
Deux étiquettes

Préparation

Glissez les violettes, le thym, la lavande et la mélisse dans la bouteille, puis recouvrez avec la vodka. Fermez la bouteille et conservez-la pendant 3 semaines dans un endroit frais en remuant si possible chaque jour. Filtrez, puis mettez en bouteilles, bouchez et étiquetez. Il est préférable de mettre votre potion terminée dans deux bouteilles de manière qu'elle ne s'évente pas.
Cinq gouttes de cette potion versées dans un verre d'eau soulageront les migraines passagères.

LA POTION CALMANTE POUR LE SOMMEIL

Ingrédients

5 cuillerées à soupe de lavande séchée
5 cuillerées à soupe de camomille séchée
50 cl de vodka

Ustensiles

Une bouteille munie d'un bouchon pour la macération
Une mousseline pour filtrer
Deux petites bouteilles avec leurs bouchons, sinon deux bouchons de liège et éventuellement de la cire de bouchage
Deux étiquettes

Préparation

Effritez la lavande et la camomille entre les doigts et introduisez-les dans la bouteille. Recouvrez avec la vodka, puis fermez la bouteille. Conservez pendant 3 semaines dans un endroit frais en remuant si possible chaque jour. Filtrez, puis mettez en bouteilles, bouchez et étiquetez.
Dix gouttes de cette potion versées dans un verre d'eau chaude et prise une heure avant le coucher aideront les personnes nerveuses à s'endormir. Vous pouvez éventuellement compléter le traitement avec une infusion de tilleul que vous sucrerez avec du miel.
D'une manière générale, il est déconseillé de donner aux enfants des préparations contenant de l'alcool, même largement dissoutes dans de l'eau. Préférez-leur les sirops, dont le goût sucré les séduira de toute façon beaucoup plus.

PORTO
Corpas
19% vol.

LE BREUVAGE DE JEUNESSE

Ingrédients

1/2 cuillerée à café de racine écrasée de ginseng
2 cuillerées à café de romarin séché
1 cuillerée à café de baies de genièvre fraîches
6 ou 7 branches de romarin frais ou sec
75 cl de porto

Ustensiles

Deux casseroles
Une grande bouteille ou un bocal pour la macération
Une mousseline pour filtrer
Deux petites bouteilles avec leurs bouchons, sinon deux bouchons de liège et éventuellent de la cire de bouchage
Deux étiquettes

Préparation

Préparez d'abord une décoction avec la racine de ginseng et le romarin : mettez-les dans une casserole et faites-les bouillir une bonne dizaine de minutes. Laissez refroidir.
Mettez les baies de genièvre dans une casserole et écrasez-les avec une fourchette. Versez dessus l'équivalent d'une tasse d'eau et faites bouillir de 2 à 3 minutes. Laissez refroidir.
Introduisez les branches de romarin, les décoctions et le porto dans une grande bouteille. Laissez macérer au moins pendant 1 semaine en agitant de temps en temps.
Filtrez, mettez en bouteilles, bouchez hermétiquement et étiquetez.
Cette potion soulage les douleurs; prenez-en l'équivalent d'un verre à liqueur avant les repas.

LE VIN DE LA FORME

Ingrédients

2 oranges
1, 5 l de vin blanc
60 g de petite centaurée fraîche
40 g de fleurs de camomille fraîches
40 g d'écorces d'oranges amères hachées

Ustensiles

Un presse-citron
Deux bouteilles avec leurs bouchons, sinon deux bouchons de liège
Une mousseline pour filtrer
Deux étiquettes

Préparation

Pressez le jus des oranges. Versez le vin blanc dans les deux bouteilles et répartissez-y en parts égales le jus des oranges, les plantes et les écorces d'oranges amères. Bouchez et laissez macérer pendant 8 jours au moins, si possible au soleil, sinon dans un endroit tiède.
Filtrez, remettez en bouteilles, puis bouchez et étiquetez.
Buvez l'équivalent d'un verre à liqueur de ce vin deux fois par jour avant les repas par cures d'une semaine. Il stimule l'appétit des personnes faibles ou convalescentes.

LE DIGESTIF MAGISTRAL

Ingrédients

4 branches de menthe fraîche
3 cuillerées à soupe de graines d'anis séchées
3 cuillerées à soupe de gentiane séchée
1 cuillerée à café de poivre gris
1/2 bâton de cannelle
30 cl de vodka

Ustensiles

Une casserole
Une bouteille avec son bouchon pour la macération
Une mousseline pour filtrer
Une petite bouteille avec son bouchon
Une étiquette

Préparation

Détachez les feuilles de menthe de leurs branches, hachez-les et mettez-les dans une casserole. Recouvrez d'eau et laissez bouillir pendant 5 minutes. Versez toute la décoction, liquide et feuilles, dans une bouteille. Ajoutez-y l'anis, la gentiane, le poivre et le demi-bâton de cannelle, puis recouvrez avec la vodka. Fermez la bouteille et conservez-la à l'abri de la lumière pendant 3 semaines dans un endroit frais en remuant si possible chaque jour. Filtrez, puis mettez en bouteille, bouchez et étiquetez. Une cuillerée à café de ce digestif et une infusion de camomille prise quelques minutes après viendront à bout de la digestion la plus difficile.

LA POTION ANTINÉVRALGIQUE

Ingrédients

50 g de fleurs de lavande fraîches ou sèches
50 g de feuilles de romarin fraîches ou sèches
50 g de camomille fraîche ou séchée
50 cl d'alcool à 90°

Ustensiles

Un bocal de verre transparent
Une mousseline pour filtrer
Une petite bouteille avec son bouchon
Une étiquette

Préparation

Mettez la lavande, le romarin et la camomille dans le bocal. Si vos fleurs et vos feuilles sont fraîches, recouvrez-les tout de suite avec la totalité de l'alcool, si elles sont sèches, n'en versez dessus que le quart et écrasez-les avec une cuiller, puis laissez macérer pendant 2 ou 3 heures avant d'ajouter le reste de l'alcool.
Bouchez et laissez macérer pendant 8 jours en pleine lumière et en remuant de temps en temps. Filtrez, mettez en bouteille, bouchez et étiquetez. Utilisez cette potion deux fois par jour, en massages doux d'abord, puis énergiques ensuite sur les parties douloureuses. Ne pas utiliser sur une peau portant des plaies ou des coupures.

LES PEUPLES ASIATIQUES ATTRIBUENT AU GINSENG TOUTES LES VERTUS. IL A LA RÉPUTATION D'AUGMENTER LES PERFORMANCES PHYSIQUES ET PSYCHIQUES.

LE VIN CONSERVE TRÈS BIEN LES PRINCIPES ACTIFS DES PLANTES ET A LA PROPRIÉTÉ D'ÊTRE TONIQUE. IL S'EMPLOIE GÉNÉRALEMENT POUR DE PLANTES FRAÎCHES.

Petits remèdes

Les cataplasmes sont une manière de soigner qui est trop souvent oubliée. Appliqués directement sur la peau, leur effet est comparable aux pommades, mais leur action s'exerce par la chaleur. Celle-ci peut être vraiment bienfaisante dans les cas d'entorse, de névralgies ou encore de bronchite. Lorsque vous les préparez, vous devez veiller à une hygiène rigoureuse non seulement des produits et des ustensiles, de la peau sur laquelle ils vont être appliqués, mais aussi de vos propres mains. Les compresses tièdes, faites avec de la gaze, sont indiquées pour les soins des yeux, les brûlures et les plaies.

LES CATAPLASMES

Ingrédients

1 plante fraîche hachée ou une plante séchée
De l'argile ou de la farine
Du lait
1 cuillerée à café de camomille (éventuellement)

Ustensiles

Un saladier
Un linge propre chaud et humide
1 petit bol (éventuellement)
Du coton

Préparation

Mélangez la plante, l'argile ou la farine avec du lait de manière à obtenir une pâte épaisse et onctueuse, mais pas trop liquide. Nettoyez toujours la peau à l'eau bouillie ou à l'eau savonneuse avant l'application de la pâte, puis recouvrez-la d'un linge chaud et humide. L'idéal est de nettoyer ensuite la peau avec du coton imbibé d'une infusion de camomille que vous aurez préparée à l'avance dans un bol de manière qu'elle ait le temps de tiédir.

LA TEINTURE D'ARNICA

Ingrédients

50 cl d'alcool à 70°
50 g de fleurs d'arnica fraîches

Ustensiles

Un bocal de verre transparent
Une mousseline pour filtrer
Une petite bouteille avec son bouchon
Une étiquette

Préparation

Mettez les feuilles d'arnica dans le bocal et versez l'alcool dessus. Fermez et laissez macérer au soleil pendant 1 semaine au moins . Filtrez, mettez en bouteille, bouchez et étiquetez.
La teinture d'arnica s'utilise en compresses sur les contusions et les ecchymoses : diluez 1 cuiller à soupe de teinture dans 50 cl d'eau bouillie tiède et appliquez sur les bleus plusieurs fois par jour. Elle est également efficace sur les petites plaies et les coupures, mais attention, l'alcool piquera un peu.
La teinture d'arnica est aussi recommandée en bains de bouche pour les gingivites et les maux de dents : diluez 1 cuillerée à café de teinture dans une tasse d'eau tiède.

L'HUILE CONTRE LES COURBATURES

Ingrédients

6 fois 50 g d'un mélange de fleurs et de feuilles fraîches de millepertuis officinal, qui sera utilisé à 2 ou 3 jours d'intervalle
6 fois 1 cuillerée à café d'huile d'olive
75 cl d'huile de tournesol

Ustensiles

Un bol
Un bocal de verre transparent
Une mousseline pour filtrer
Une bouteille avec son bouchon
Une étiquette

Préparation

Mettez 50 g d'un mélange de fleurs et de feuilles de millepertuis dans un bol avec 1 cuillerée d'huile d'olive et écrasez-les finement à la fourchette. Mettez cette préparation dans un bocal en verre et versez-y l'huile de tournesol. Laissez macérer pendant 2 ou 3 jours en pleine lumière et si possible dans un endroit chaud. Filtrez, puis faites une nouvelle préparation de fleurs, de feuilles et d'huile d'olive que vous placez à nouveau dans l'huile de tournesol et ainsi encore quatre fois de suite. Filtrez, mettez en bouteille et étiquetez.
Cette huile très concentrée s'utilise en friction et a un effet souverain sur les courbatures. Elle a aussi un effet très détendant, à raison de 2 cuillerées à café, dans l'eau d'un bain tiède.

LE BAUME AUX TROIS MENTHES

Ingrédients

2 ou 3 branches de menthe poivrée, fraîche ou sèche
2 ou 3 branches de menthe en épi, fraîche ou sèche
2 ou 3 branches de menthe pouliot, fraîche ou sèche
2 clous de girofle
30 cl de vodka
De la vaseline
Quelques gouttes de teinture de benjoin

Ustensiles

Une bouteille avec son bouchon pour la macération
Une mousseline pour filtrer
Une casserole
Un grand bol ou un petit saladier
Deux ou trois petits pots avec leurs couvercles
Deux ou trois étiquettes

Préparation

Hachez les branches de menthe si elles sont fraîches, écrasez-les entre vos doigts si elles sont sèches. Glissez-les dans une bouteille avec les clous de girofle. Recouvrez avec la vodka, bouchez et laissez reposer votre teinture de 2 à 3 semaines dans un endroit frais en remuant de temps en temps. Filtrez à travers une mousseline. Faites tiédir la vaseline au bain-marie, puis mélangez-la à la préparation mentholée dans la proportion d'un quart de teinture pour trois quarts de vaseline. Remuez bien pour obtenir une pommade homogène et ajoutez quelques gouttes de teinture de benjoin pour la conservation. Mettez en pots, bouchez et étiquetez. Ce baume est recommandé en massages doux et prolongés du thorax en cas de rhume. Il dégage également le nez et soulage les irritations dues à l'utilisation répétée du mouchoir. Il peut également s'utiliser, à raison d'une goutte dans le creux de chaque coude et de chaque genou, pour éloigner les moustiques des enfants.

LA TEINTURE DE SOUCI

Ingrédients

25 cl d'alcool à 70°
50 g d'un mélange de fleurs et de feuilles de souci séchées

Ustensiles

Un bocal de verre transparent
Une mousseline pour filtrer
Une petite bouteille avec son bouchon
Une étiquette

Préparation

Mettez les soucis dans le bocal et versez-y l'alcool. Fermez et laissez macérer au soleil pendant une quinzaine de jours en remuant souvent. Filtrez, mettez en bouteille, bouchez et étiquetez. La teinture de souci fait disparaître les verrues, elle est aussi recommandée en compresses chaudes sur les piqûres de moustique : diluez 1 cuillerée à café de teinture dans un 50 cl d'eau bouillie.

SI ELLES DOIVENT ÊTRE EXPOSÉES EN PLEINE LUMIÈRE AU MOMENT DE LA MACÉRATION, IL EST PRÉFÉRABLE EN REVANCHE DE CONSERVER LES HUILES DANS DES BOUTEILLES EN VERRE DE COULEUR FONCÉE.

LES BAINS AUX PLANTES SONT AUSSI UN MOYEN EFFICACE DE PROFITER DES PLANTES : LE ROMARIN EST TONIQUE, LA LAVANDE RAFRAÎCHISSANTE, ET LE TILLEUL CALMANT.

En cas de manque de vaseline, vous pouvez parfaitement vous servir de saindoux pour élaborer vos pommades. C'est l'ingrédient qui était utilisé autrefois.

Tout comme le miel, le sucre est un bon conservateur des principes actifs des plantes.

Le clou de girofle a un pouvoir puissamment antiseptique.

La véritable pommade rose

Ingrédients

2 cuillerées à soupe de vaseline
2 cuillerées à soupe de cire d'abeille
3 gouttes d'essence de roses
1 goutte de teinture de benjoin
2 ou 3 gouttes de colorant alimentaire rouge (éventuellement)

Ustensiles

Un petit pot avec son couvercle
Une étiquette

Préparation

Mélangez directement la vaseline, la cire d'abeille, l'essence de roses et la teinture de benjoin dans le pot. Remuez bien pour obtenir une pâte homogène. Étiquetez. Pour un usage féminin, ajoutez du colorant alimentaire qui donnera une jolie teinte rosée. Vous pouvez aussi choisir un autre parfum que l'essence de roses.

La lotion contre les petites brûlures

Ingrédients

2 cuillerées à café de guimauve séchée
2 cuillerées à café de racine de consoude
10 cl d'huile d'olive
10 cl de vin rouge
1 goutte de teinture de benjoin

Ustensiles

Un bol
Une casserole
Une mousseline pour filtrer
Une petite bouteille avec son bouchon
Une étiquette

Préparation

Mettez les plantes et l'huile d'olive dans un bol, écrasez-les bien et laissez macérer pendant 12 heures. Versez cette préparation dans une casserole avec le vin rouge et faites chauffer à feu doux pendant 30 minutes. Laissez refroidir, puis filtrez. Mettez en bouteille, bouchez et étiquetez. Appliquées sur les brûlures plusieurs fois par jour, la guimauve et la consoude ont un fort pouvoir régénérant.

Le sirop à l'argousier

Ingrédients

200 g de baies d'argousier bien mûres
Eau
Sucre

Ustensiles

Une casserole
Une mousseline pour filtrer
Une petite bouteille avec son bouchon
Une étiquette

Préparation

Mettez les baies dans une casserole et écrasez-les grossièrement à la fourchette. Recouvrez d'eau et faites bouillir pendant 3 ou 4 minutes. Laissez refroidir, puis filtrez à travers une mousseline. Remettez le jus ainsi obtenu dans la casserole avec 1 mesure de sucre pour 3 mesures de sirop. Faites bouillir à nouveau pendant 2 ou 3 minutes. Mettez en bouteille, bouchez et étiquetez. Le sirop d'argousier est très efficace contre le rhume : vous en prendrez 1 cuillerée à café trois fois par jour.

La pommade bienfaisante

Ingrédients

2 cuillerées à soupe de miel
3 gouttes d'essence de lavande
Quelques gouttes d'eau de rose

Ustensiles

Un petit pot avec son couvercle
Une étiquette

Préparation

Mélangez directement le miel, l'essence de lavande et l'eau de rose dans le pot. Fermez et étiquetez. Cette pommade toute simple s'utilise sur les petits bobos, gerçures, coupures, griffures, etc.

Le sirop au miel contre la toux

Ingrédients

50 g de thym frais ou séché
1 citron
4 cuillerées à soupe de miel

Ustensiles

Une casserole
Une mousseline pour filtrer
Un presse-citron
Une petite bouteille avec son bouchon
1 étiquette

Préparation

Versez 25 cl d'eau bouillante sur le thym et laissez infuser pendant 15 minutes. Filtrez et versez dans une casserole. Pressez le jus du citron et ajoutez-le à l'infusion avec 4 cuillerées le miel. Faites bouillir pendant une bonne vingtaine de minutes, le mélange doit réduire.
Laissez tiédir, mettez en bouteille, bouchez et étiquetez.

L'AMI DE LA FAMILLE

Ingrédients

1 gousse d'ail
1 cuillerée à soupe de souci séché
1 cuillerée à soupe de thym séché
1 cuillerée à soupe de lavande séchée
1 cuillerée à soupe de violettes séchées
1 cuillerée à soupe de camomille séchée
2 clous de girofle
30 cl de vodka
De la vaseline
Quelques gouttes de teinture de benjoin

Ustensiles

Une bouteille avec son bouchon pour la macération
Une mousseline pour filtrer
Une casserole
Un grand bol ou un petit saladier
Deux ou trois petits pots avec leurs couvercles
Deux ou trois étiquettes

Préparation

Hachez finement la gousse d'ail et glissez-la dans une bouteille avec l'ensemble des fleurs et des épices. Recouvrez avec la vodka, bouchez et laissez reposer votre teinture de 2 à 3 semaines dans un endroit frais et sombre en remuant tous les 2 ou 3 jours. Filtrez à travers une mousseline. Faites légèrement tiédir la vaseline au bain-marie, puis mélangez à la teinture dans la proportion d'un quart de teinture pour trois quarts de vaseline. Mélangez bien pour obtenir une pommade homogène et ajoutez quelques gouttes de teinture de benjoin. Mettez en pots, bouchez et étiquetez. L'ami de la famille est recommandé sur les coupures, les éraflures et tous les petits bobos des enfants et des adultes. Il est également très efficace pour toutes les petites blessures des animaux familiers.

Ces baumes et ces onguents qui soignent tout autant le moral que les écorchures.

LES RÉSERVES DE L'OFFICE

✦

Senteurs

Bougies

Loisirs

Produits pratiques

✦

Senteurs

S'il est des parfums que l'on a envie de garder toujours emprisonnés, ce sont bien ceux des fleurs et des plantes du jardin. Il existe plusieurs méthodes pour y parvenir. Une des moins connues est celle de l'enfleurage qui consiste, de manière tout à fait artisanale, à extraire les arômes des fleurs, des feuilles ou des épices. Vous pourrez ainsi, à moindres frais, disposer d'un large éventail de parfums naturels, à la différence de ceux que l'on achète qui sont souvent obtenus par des procédés chimiques. Jasmin, muguet, fleur d'oranger, roses, géraniums, giroflées, lavande... donnent de très bons résultats. Mais essayez aussi les aiguilles de pin, les écorces d'orange, de citron, les feuilles d'eucalyptus, les clous de girofle.

POUR LES ESSENCES FIXATIVES À UTILISER DANS CETTE RECETTE, VOUS AVEZ LE CHOIX ENTRE LE BENJOIN, L'ESSENCE DE SANTAL, LE MUSC OU L'AMBRE.

L'ENFLEURAGE

Ingrédients

Saindoux
Pétales de fleurs très parfumés
Alcool à 60°
Essence fixative

Ustensiles

Une dizaine d'assiettes en porcelaine de même taille
Du papier collant
Des petits flacons de verre stérilisés avec leurs bouchons
Une mousseline
Des étiquettes

Préparation

Faites fondre le saindoux et recouvrez-en le fond de cinq assiettes. Lorsqu'il est solidifié, fendez-le en croix sur toute sa surface avec un couteau. Placez-y les pétales, soit ceux d'une même fleur, soit des mélanges de fleurs, d'herbes et d'épices. Scellez les cinq assiettes ainsi préparées avec les cinq assiettes restantes à l'aide de papier collant. Au bout de 2 jours, enlevez les pétales fanés et recommencez l'opération avec des fleurs fraîches, et ainsi sept ou huit fois de suite. Découpez la graisse en petits morceaux et placez-les jusqu'à mi-hauteur dans de petits flacons de verre; complétez le remplissage avec de l'alcool à 60°. Fermez hermétiquement et placez de 8 à 12 semaines à l'abri de la lumière en agitant les flacons tous les jours. Filtrez, puis ajoutez 2 ou 3 gouttes d'essence fixative au mélange. Remettez en bouteilles et étiquetez.

Le terme de «pot-pourri» n'est apparu que vers le XVIIIe siècle. Ce mot désigna tout d'abord une sorte de ragoût de viandes et de légumes variés ! Puis, par la suite, des mélanges de fleurs et de plantes aromatiques. Les pétales de roses et les fleurs d'oranger formaient les premiers éléments de ces compositions. Les roses dont les senteurs sont les plus fortes sont généralement rouges ou rose foncé. Les pétales doivent être épais pour que, même séchés, ils conservent leur parfum. Dans les vieilles recettes, on parle souvent de rose de Damas. Pour élaborer l'essence de roses, on utilise généralement la *Rosa gallica officinalis*, variété connue pour ses arômes très puissants.

La tige mise à part, toutes les parties du rosier servent au pot-pourri : les pétales pour leur parfum, les fleurs très épanouies et les boutons pour la décoration, et les feuilles qui gardent une jolie couleur verte en séchant. Il vous faut connaître les cinq ingrédients principaux pour composer vos propres pots-pourris : fleurs, pétales, racines et écorces, qui sentent bon très longtemps et donnent du volume, les plantes aromatiques, les épices, les fixateurs et enfin les huiles essentielles. Ces dernières permettent d'obtenir avec plus de précision le parfum voulu. On privilégie aussi de plus en plus l'aspect esthétique en ajoutant des fleurs ou des fruits séchés sélectionnés pour leur forme et leur couleur et en choisissant des contenants de plus en plus originaux.

LE POT-POURRI AU MOUILLÉ

Ingrédients

Pétales de roses frais
Sel
Cassonade
1/2 verre à liqueur d'une eau-de-vie de fruit
25 g de racine d'iris en poudre
6 gouttes d'une huile essentielle de votre choix
Mélange d'herbes aromatiques et clous de girofle (éventuellement)

Ustensiles

Un bocal à conserve d'une contenance de 1 l
Un récipient creux

Préparation

Étalez une couche de pétales de roses au fond d'un bocal sur 1 cm d'épaisseur. Saupoudrez d'une fine couche de sel. Ajoutez une autre couche de pétales, tassez et mettez une autre couche de sel. Versez en surface 1 pincée de cassonade et quelques gouttes d'eau-de-vie de fruit et répétez l'opération toutes les deux couches de pétales et de sel, jusqu'à ce que le bocal soit rempli. Fermez et laissez macérer pendant 2 mois. Émiettez ensuite ce mélange dans un récipient creux et ajoutez-y la racine d'iris, l'huile essentielle et éventuellement d'autres plantes aromatiques. Mélangez et laissez encore reposer pendant 3 semaines en couvrant. Disposez dans un récipient de votre choix.

LE POT-POURRI À LA LAVANDE

Ingrédients

La peau du quart d'une orange environ
1/2 noix muscade
5 ou 6 clous de girofle
1 l de pétales de roses préparés comme ci-dessus
50 g de lavande séchée
25 g de marjolaine séchée
50 g d'un mélange de romarin, de thym et de mélisse séchés
3 feuilles de laurier séchées et hachées
1/2 cuillerée à café de cannelle en poudre
2 gouttes d'essence de lavande
3 gouttes d'essence de géranium rosat

Ustensiles

Une petite râpe
Un mortier et un pilon
Un grand récipient qui puisse être couvert

Préparation

Râpez le zeste de l'orange et la muscade, puis concassez les clous de girofle dans un pilon. Versez-les ensemble dans un grand récipient et ajoutez-y tous les autres ingrédients en finissant par les essences de lavande et de géranium. Couvrez et laissez reposer pendant une bonne dizaine de jours en remuant de temps en temps.

LE POT-POURRI À LA ROSE

Ingrédients

1 l de pétales de roses parfumés et sechés
25 cl de feuilles de verveine citronnelle séchée
25 cl de gros sel
2 cuillerées à soupe de cannelle en poudre
2 cuillerées à soupe de clous de girofle
2 cuillerées à soupe de sucre roux
2 cuillerées à soupe de racine d'iris en poudre
4 gouttes d'essence de roses
4 gouttes d'essence de citron

Ustensiles

Un grand bocal à conserve ou un récipient qui puisse être couvert

Préparation

Placez les pétales de roses, la verveine et le gros sel dans un bocal. Couvrez et conservez dans un endroit frais et sec pendant 2 semaines en remuant tous les jours si possible. Ajoutez ensuite les autres ingrédients en terminant par les essences. Mélangez et conservez pendant 2 mois dans un bocal fermé avant de placer le pot-pourri dans un récipient.

LE POT-POURRI DU JARDIN

Ingrédients

6 cuillerées à soupe de fleurs de lavande séchées
4 cuillerées à soupe de pétales de roses séchés
4 cuillerées à soupe de pétales d'œillets séchés
2 cuillerées à soupe de fleurs de camomille séchées
2 cuillerées à soupe de fleurs d'héliotrope séchées
2 cuillerées à soupe de sel
2 cuillerées à soupe de racine d'iris en poudre
1 cuillerée à café d'essence de lavande

Ustensiles

Un récipient qui puisse être couvert

Préparation

Rassemblez tous les ingrédients dans un même récipient en terminant par l'essence de lavande et couvrez pendant quelques jours. Toutes les fleurs pouvant être mélangées entre elles, laissez-vous guider par l'esthétique des couleurs et par vos parfums préférés.

LE POT-POURRI AU PIN

Ingrédients

2 poignées de brindilles et de copeaux de bois de cèdre
2 cuillerées à soupe de copeaux de bois de santal
4 cuillerées à soupe de cônes de mélèze séchés
2 cuillerées à soupe de feuilles de myrte séchées
2 poignées d'aiguilles de pin
2 cuillerées à soupe de citronnelle effritée
Quelques lichens séchés
2 cuillerées à soupe de sel
2 cuillerées à soupe de racine d'iris en poudre
1 cuillerée à café d'essence de santal ou de cèdre

Ustensiles

Un grand récipient qui puisse être couvert

Préparation

À l'exception de l'essence, mélangez bien ensemble tous les ingrédients. Aspergez la préparation avec l'essence de bois de santal, puis laissez couvert pendant 2 semaines en mélangeant de temps en temps.

LE POT-POURRI AUX AGRUMES

Ingrédients

4 clous de girofle
1/2 noix muscade
1 l de mélange d'écorces séchées de citron, de citron vert et d'orange
50 g de feuilles d'eucalyptus séchées
2 bâtons de cannelle
1 cuillerée à café de coriandre
2 cuillerées à soupe de racine d'iris en poudre
4 gouttes d'essence de citron
2 gouttes d'essence de bergamote

Ustensiles

Une petite râpe
Un mortier et un pilon
Un grand récipient qui puisse être couvert

Préparation

Concassez les clous de girofle et râpez la noix muscade. Rassemblez tous les ingrédients dans un même récipient en terminant par les essences de citron et de bergamote et laissez couvert pendant quelques jours.

LE POT-POURRI ORIENTAL

Ingrédients

1 l d'un mélange de pétales séchés de roses rouges et blanches
50 g de camomille séchée
50 g de romarin séché
4 clous de girofle
2 gouttes d'essence de roses
2 gouttes d'essence de patchouli
2 gouttes d'essence de bergamote

Ustensiles

Un grand récipient qui puisse être couvert

Préparation

Rassemblez tous les ingrédients dans un même récipient en terminant par les essences et laissez couvert quelques jours.

LA RACINE D'IRIS EN POUDRE, QUE L'ON RETROUVE DANS PRESQUE TOUS LES POTS-POURRIS, FAIT OFFICE DE FIXATEUR.

VOUS POUVEZ BIEN SÛR UTILISER UN POT-POURRI QUI VIENT D'ÊTRE FAIT, MAIS IL EST TOUJOURS PRÉFÉRABLE DE LE LAISSER SE BONIFIER UN MINIMUM DE QUELQUES JOURS DANS UN BOCAL FERMÉ ET À L'ABRI DE LA LUMIÈRE.

SI VOUS EN AIMEZ L'ODEUR, PRESQUE TOUTES LES RECETTES SUPPORTENT L'AJOUT D'ÉCORCES D'ORANGE OU DE CITRON ET MÊME DE FEUILLES DE MENTHE.

LE POT-POURRI À SEC

Ingrédients

2 cuillerées à café de cannelle
1/2 cuillerée à café de noix muscade
25 g de racine d'iris en poudre
6 gouttes d'une huile essentielle de votre choix
1 l de pétales de fleurs séchés et parfumés de votre choix
50 g de plantes aromatiques séchées en mélange
25 g de lavande séchée
3 ou 4 clous de girofle
1/4 de gousse de vanille
Quelques fleurs séchées pour la décoration

Ustensiles

Un bol
Un grand récipient creux
Une boîte étanche

Préparation

Versez les épices moulues, la racine d'iris et l'huile essentielle dans un bol. Mélangez très soigneusement pour obtenir une pâte. Placez les pétales, les plantes aromatiques, la lavande, les clous de girofle et la gousse de vanille dans un récipient creux. Versez le contenu du bol dans ce récipient creux et mélangez bien tous les ingrédients. Mettez cette préparation dans une boîte étanche et placez celle-ci dans un endroit sombre en remuant de temps en temps.
Vous pouvez placer le pot-pourri dans le récipient de votre choix et agrémenter sa surface de quelques fleurs séchées ou de boutons de roses.

LE POT-POURRI AUX HERBES DU JARDIN

Ingrédients

6 cuillerées à soupe de feuilles de menthe verte ou poivrée séchées
4 cuillerées à soupe de feuilles de romarin séchées
4 cuillerées à soupe de feuilles de mélisse séchées
2 cuillerées à soupe de feuilles de marjolaine séchées
1 cuillerée à soupe de feuilles de sauge séchées
1 cuillerée à soupe de feuilles de laurier séchées et brisées
1/2 cuillerée à soupe de feuilles et de brindilles de thym séchées
2 cuillerées à soupe de racine d'iris en poudre
1 cuillerée à café d'essence de romarin
1/2 cuillerée à café d'essence de thym

Ustensiles

Un récipient creux qui puisse être couvert

Préparation

Mélangez doucement toutes les herbes, ajoutez la racine d'iris en poudre et versez les essences parfumées. Mélangez à nouveau et couvrez.
Deux semaines de macération sont nécessaires avant que vous puissiez profiter de ce pot-pourri.

POUR CONFECTIONNER LES SACHETS, UTILISEZ DU COTON LÉGER, DU TULLE, DU VOILE OU DE LA TOILE DE LIN : LES PARFUMS SE DIFFUSERONT MIEUX.

NE REMPLISSEZ VOS SACHETS QU'AUX DEUX TIERS ET PRESSEZ-LES DE TEMPS EN TEMPS ENTRE VOS DOIGTS POUR EN LIBÉRER LES ODEURS.

VOUS POURREZ PIQUER UNE TIGE DE MÉTAL DANS LES PETITES BOULES DE LAVANDE; ELLES SERVIRONT À PARFUMER DES BOUQUETS DE FLEURS FRAÎCHES OU SÉCHÉES.

LES COLLIERS DE ROSES

Ingrédients

30 à 40 roses épanouies

Ustensiles

Une casserole, de préférence en email
Une passoire fine
Une aiguille
Du fil solide
Du papier sulfurisé

Préparation

Cueillez les roses en pleine floraison et découpez leurs pétales en petits morceaux. Placez-les dans une casserole et couvrez avec un peu d'eau. Faites chauffer à feu très doux pendant 1 heure. Laissez reposer pendant une journée et répétez l'opération le lendemain. Quand le mélange est refroidi, égouttez et roulez la pulpe en petites boules compactes. Enfilez-les sur du fil et laissez sécher pendant quelques jours sur du papier sulfurisé. Fixez ensuite le collier de roses à l'intérieur d'une porte d'armoire.

LES SACHETS D'ARMOIRE À LINGE

Ingrédients

3 ou 4 clous de girofle
25 g de lavande séchée
25 g de racine d'iris en poudre
1 l d'un mélange de thym, de menthe et de marjolaine séchés
4 gouttes d'essence de lavande
4 gouttes d'essence de citron

Ustensiles

Un mortier et un pilon
Un grand récipient qui puisse être couvert
Une vingtaine de sacs en tissu de 10 cm sur 5 cm environ
Du ruban

Préparation

Concassez les clous de girofle dans le mortier et mélangez-les à la lavande et à la racine d'iris. Versez cette préparation dans un grand récipient et ajoutez le mélange d'herbes et les essences. Laissez reposer pendant quelques jours, puis remplissez les sachets que vous fermez avec un ruban.

LES SACHETS POUR LE BAIN

Ingrédients

Zeste séché et râpé d'un demi-citron
25 g de pétales de roses séchés très parfumés
25 g de feuilles séchées de géranium rosat
25 g de lavande séchée
15 g de flocons d'avoine

Ustensiles

Une petite râpe
Six petits sachets en mousseline
De la ficelle fine

Préparation

Râpez le zeste de citron et laissez-le sécher de 2 à 3 jours sur une soucoupe en le remuant de temps en temps. Lorsqu'il est bien sec, mélangez-le aux autres ingrédients, remplissez les sachets en mousseline et fermez-les avec une ficelle fine en faisant une boucle de manière à pouvoir les attacher au robinet quand vous ferez couler votre bain. Les flocons d'avoine adoucissent la peau et donnent un joli volume aux sachets.

LES PETITES BOULES DE LAVANDE

Ingrédients

Lavande séchée

Ustensiles

De la mousseline
Une aiguille et du fil blanc

Préparation

En vous servant d'une grande tasse ou d'une petite soucoupe comme modèle, tracez des ronds sur la mousseline et découpez-les. Passez un fil sur tout le pourtour du rond de mousseline à 5 mm environ des bords et serrez de manière à former une aumônière. Glissez la lavande à l'intérieur et fermez solidement en enroulant le fil plusieurs fois.
Faciles à confectionner rapidement, ces petits sacs peuvent se glisser dans les armoires et les tiroirs.

LES SENTEURS DE GARRIGUE

Ingrédients

10 feuilles de laurier séchées et émiettées
10 cuillerées à soupe d'un mélange de sauge, d'origan, de basilic, de thym et de lavande séchés et émiettés
3 cuillerées à soupe de romarin séché et émietté
1 1/2 cuillerée à soupe de racine d'iris en poudre

Ustensiles

Un grand bol
Des petits sachets en tissu de 10 cm sur 5 cm environ
Du ruban

Préparation

Mélangez tous les ingrédients dans un grand bol et laissez-les reposer pendant une nuit. Le lendemain, répartissez-les dans de petits sacs en tissu et fermez avec un ruban. Ces senteurs sont particulièrement bien adaptées aux placards contenant de la vaisselle ou de l'épicerie.

LES TRESSES DE LAVANDE

Ingrédients

1 bouquet de lavande fraîche d'un nombre impair de tiges

Ustensiles

Un long morceau de ruban de 2 m au minimum

Préparation

Liez votre bouquet de lavande juste sous les fleurs, sans trop serrer, avec l'une des extrémités du ruban. Maintenez les fleurs avec la main et repliez délicatement et une à une les tiges par-dessus les fleurs. En commençant par l'endroit où se trouve le ruban, tressez une cage en le passant alternativement par-dessus et par-dessous chaque tige. Faites ainsi plusieurs fois le tour du bouquet jusqu'à ce que toutes les fleurs soient recouvertes, puis terminez par un nœud et une boucle. Laissez sécher dans un endroit chaud pendant plusieurs jours, puis coupez net l'ensemble du bout des tiges.

LA POMME D'AMBRE

Ingrédients

1 pamplemousse rose ou jaune, 1 citron jaune ou vert,
1 orange ou 1 clémentine, au choix
Clous de girofle
10 g de cannelle en poudre
10 g de noix muscade en poudre
10 g de racine d'iris en poudre
Quelques gouttes d'essence de citron ou d'orange ou de bergamote, ou encore de fleur d'oranger

Ustensiles

Un crayon
Une aiguille à tricoter
Un bol
Un sac en plastique
Du papier sulfurisé
Des rubans

Préparation

Tracez sur votre fruit quatre quartiers égaux avec un crayon. Percez des trous distants de 5 mm sur toute la surface à l'aide d'une aiguille à tricoter en veillant à laisser libre un espace de 2 à 3 mm environ de chaque côté des traits de crayon : ces bandes serviront à passer le ruban pour accrocher votre pomme d'ambre. Piquez 1 clou de girofle dans chacun des trous. Mélangez les épices et l'huile essentielle dans un bol, puis versez cette préparation dans un sac en plastique; placez-y le fruit et secouez vigoureusement pour que les épices s'y collent. Récupérez le fruit, faites-en tomber l'excédent de poudre et enveloppez-le dans du papier sulfurisé. Faites sécher votre pomme d'ambre dans un endroit chaud et sec de 2 à 3 semaines. Passez ensuite un ruban, comme pour un paquet-cadeau, avec une grande boucle pour pouvoir l'accrocher.
Les pommes d'ambre chassent efficacement moustiques, mouches et autres insectes.

Lorsque vous cueillez des fleurs pour les faire sécher, ne les choisissez pas trop épanouies, sinon elles ne dureront pas longtemps. Vous pouvez les laisser sécher à l'air libre, en les suspendant sans trop les serrer, liées en bouquets. Employez plutôt des élastiques, plus pratiques que la ficelle. Installez-les la tête en bas dans une pièce sèche bien aérée et surtout à l'abri de la lumière et du soleil qui ont pour effet de ronger littéralement les couleurs. Les bleus et les rouges sont les plus fragiles.

Pour ne faire sécher que des pétales, vous pouvez parfaitement utiliser votre four : disposez-les sur une plaque et non sur une grille car, en séchant, ils vont se rétracter et risquent de tomber. Réglez le thermostat sur très doux, laissez la porte du four entrouverte et surveillez vos pétales pendant toute la durée de l'opération. Ils seront secs lorsqu'ils craqueront sous les doigts.

Si vous désirez obtenir des pétales secs bien plats pour faire des sous-verres ou pour les coller sur des bougies (reportez vous à ces pages), employez des feuilles de journal, ou du buvard, entre lesquelles vous poserez vos fleurs à plat. Placez-les sous un poids suffisant : une pile de dictionnaires ou de linge. Vous pouvez aussi les mettre sous votre matelas. Pour conserver vos fleurs séchées, vaporisez-les d'une fine couche de laque à cheveux. Il est également possible de les vernir. Mais, attention, ce traitement, s'il est efficace, élimine les parfums.

Bougies

Autrefois, les bougies appartenaient à l'économie domestique. Depuis que l'électricité a envahi nos maisons, toute ménagère se doit simplement d'avoir quelques bougies blanches dans ses tiroirs, en cas de panne de courant. Les bougies ont aujourd'hui un air de fête et ne décorent pas seulement les gâteaux d'anniversaire. Plantées dans un bougeoir décoré de fleurs séchées ou dans des fleurs fraîches, elles sont la seule lumière d'un dîner très raffiné. Mises dans des petits pots en verre sur les fenêtres d'une maison, elles font à vos invités un accueil dont ils se souviendront. Éparpillées dans un jardin, les bougies en pots de terre éclairent les longues soirées d'été. Parfumées, elles éloignent les insectes.

CHOISISSEZ SOIGNEUSEMENT LA TAILLE DE VOS MÈCHES : TROP ÉPAISSES, LES BOUGIES FUMERONT, TROP FINES, ELLES S'ÉTEINDRONT.

LES BOUGIES DE BASE

Ingrédients

750 g de paraffine en pain ou en grains
150 g de stéarine en paillettes
Mèche en coton, qui s'achète en pelote, déjà tressée

Ustensiles

Une grande marmite ou un grand faitout
Une casserole
Un thermomètre à mercure gradué jusqu'à 150 °C
Des moules rigides, pots en verre, en porcelaine, en terre, dans lesquels les bougies brûleront, ou des contenants souples, pots de yaourt, fonds de bouteilles en plastique, qui permettront un démoulage

Préparation

Faites fondre le mélange de paraffine et de stéarine au bain-marie. Il ne faut pas faire chauffer la casserole à même la flamme, car la cire trop chaude s'enflamme brutalement, c'est pourquoi la casserole doit être largement entourée d'eau. Quand le mélange est fondu, trempez-y les mèches coupées à la longueur souhaitée et maintenez-les tendues de manière qu'elles soient bien rigides, puis mettez-les de côté. Lorsque la cire atteint 80 °C, versez-la dans les moules. Dès qu'elle commence à figer, enfoncez les mèches enrobées de cire au centre des moules et coupez-les 1 cm plus haut que les bougies. Si vous avez choisi la formule des bougies qui se démoulent, attendez plusieurs heures qu'elles aient bien refroidi avant de procéder au découpage des moules. Pour protéger les bougies de la poussière, rangez-les dans des boîtes en carton.

La stéarine est un mélange d'acides gras d'origine animale et végétale. Elle rend les bougies plus dures et moins coulantes.

Pour confectionner vos bougies, il existe aussi de la cire végétale provenant d'arbres tropicaux.

La peinture à l'huile en tube est aussi un bon colorant : ajoutez-la, diluée dans un peu d'huile, au même moment que les autres colorants.

Les bougies pastel parfumées

Ingrédients

1 kg de paraffine en pain ou en grains
250 g de stéarine en paillettes
Mèche en coton, qui s'achète en pelote, déjà tressée
1 ou plusieurs colorants alimentaires
Quelques gouttes d'une ou de plusieurs huiles essentielles de fleur ou de fruit.

Ustensiles

Deux grandes marmites, ou grands faitouts, si vous désirez obtenir plusieurs couleurs ou plusieurs parfums, sinon une seule
Deux casseroles, pour plusieurs couleurs ou plusieurs parfums, sinon une seule
Un thermomètre à mercure gradué jusqu'à 150 °C
Des moules

Préparation

Faites fondre la paraffine et la stéarine au bain-marie. Si besoin est, mettez à chauffer en même temps l'eau dans une deuxième marmite. Quand le mélange est bien fondu, préparez les meches comme cela est indiqué dans la recette des bougies de base, page 123. Si vous souhaitez n'obtenir qu'une seule couleur et un seul parfum, ajoutez colorant et huile essentielle lorsque la cire atteint 80 °C au thermomètre. Sinon, prélevez-en une partie, en fonction de la taille des moules, et remettez-la à chauffer au bain-marie dans la deuxième casserole. Faites vos mélanges successifs de colorants et de parfums et versez dans les moules. Quand la cire commence à figer, enfoncez les mèches au centre et coupez-les à 1 cm au-dessus de la hauteur des moules.
Pour conserver le parfum des bougies plusieurs mois, il est conseillé de les envelopper dans du papier transparent ou dans du film alimentaire.

Les bougies de jardin

Ingrédients

650 g de paraffine
Grosse mèche carrée tressée de 15 cm de longueur
5 gouttes d'une huile essentielle de géranium ou de romarin

Ustensiles

Un pot en terre cuite de 10 cm de profondeur
De la pâte à modeler
Un bâtonnet ou une cuiller en bois
Une grande marmite ou un grand faitout
Une casserole
Un thermomètre à mercure gradué jusqu'à 150 °C

Préparation

Bouchez le trou de drainage du pot avec la pâte à modeler. Fixez la mèche à un bâtonnet ou à une cuiller en bois que vous posez transversalement sur le pot, de manière qu'elle tienne verticale et touche le fond du pot. Faites fondre la paraffine au bain-marie et chauffez jusqu'à 80 °C en remuant de temps en temps. Ajoutez l'huile essentielle, puis versez le mélange dans le pot en terre. Laissez refroidir, libérez le haut de la mèche de son bâtonnet et coupez le surplus.

Les petites bougies odoriférantes

Ingrédients

500 g de paraffine en grains
100 g de stéarine en paillettes
60 g de cire d'abeille
Mèche en coton, qui s'achète en pelote, déjà tressée

Ustensiles

Une grande marmite ou un grand faitout
Une casserole
Un thermomètre à mercure gradué jusqu'à 150 °C
Des moules à petits fours ou à tartelettes

Préparation

Faites fondre le mélange de paraffine et de stéarine au bain-marie. Quand il est bien homogène, trempez les mèches comme cela est expliqué dans la recette de base. Lorsque le mélange atteint 80 °C au thermomètre, ajoutez la cire d'abeille et remuez pour bien la répartir de manière homogène. Versez dans les moules et installez les mèches dès que le mélange commence à figer, puis coupez-les à 1 cm de hauteur.
En se consumant, la cire d'abeille dégage une douce odeur très agréable.

Les bougies coloriées

Ingrédients

750 g de paraffine en pain ou en grains
150 g de stéarine en paillettes
Mèche en coton, qui s'achète en pelote, déjà tressée

Ustensiles

Une grande marmite ou un grand faitout
Une casserole
Un thermomètre à mercure gradué jusqu'à 150 °C
Des moules en caoutchouc ou des pots permettant le démoulage
Des crayons pastel à l'huile
Du vernis transparent à l'eau non inflammable

Préparation

Préparez les bougies selon la méthode des bougies de base donnée page 123. Laissez-les refroidir, puis démoulez-les. Coloriez-les au crayon pastel, soit avec des motifs répétitifs, soit en indiquant une date, un prénom, un événement, puis passez une couche de vernis à l'eau que vous laisserez sécher plusieurs jours avant d'allumer les bougies. N'utilisez pas de vernis inflammable qui pourrait être dangereux.

LES BOUGIES GAUFRÉES

Ingrédients

1 rouleau de cire gaufrée
Mèche en coton
Quelques gouttes d'une huile essentielle de fleur ou de fruit (éventuellement)

Ustensiles

Des mains propres et chaudes

Préparation

On trouve dans le commerce des rouleaux de cire gaufrée que l'on enrobe autour d'une mèche : c'est la chaleur des mains qui les rend malléables. Ces bougies peuvent être parfumées avec quelques gouttes d'une huile essentielle que vous y glisserez après avoir enrobé la mèche de deux ou trois couches de cire.

LES BOUGIES COLORÉES À ÉTAGES

Ingrédients

1 kg de paraffine en pain ou en grains
250 g de stéarine en paillettes
Mèche en coton, qui s'achète en pelote, déjà tressée
Colorants à bougie en bâton

Ustensiles

Des moules
Du papier
Un crayon
Deux grandes marmites ou grands faitouts
Deux casseroles
Un thermomètre à mercure gradué jusqu'à 150 °C
Une petite râpe

Préparation

Commencez d'abord par retourner chacun de vos moules à l'envers sur une feuille de papier et dessinez-en rapidement les contours, puis percez un petit trou au centre. Ces formes vous permettront de tenir les mèches droites au cours des coulages successifs. Faites fondre la paraffine et la stéarine au bain-marie. En même temps, mettez à chauffer de l'eau dans une seconde marmite. Quand le mélange est bien fondu, préparez les mèches comme cela est indiqué dans la recette des bougies de base. Lorsque la cire atteint 80 °C au thermomètre, prélevez-en une partie, en fonction de la taille des moules et de l'épaisseur de la couche de couleur désirée, que vous mettez à réchauffer au bain-marie dans la seconde casserole. Râpez un premier bâton de couleur et ajoutez les copeaux jusqu'à obtention de la couleur souhaitée. Mélangez bien, puis versez une première couche dans les moules. Quand elle commence à figer, enfoncez les mèches au centre et faites-les tenir droites à l'aide des formes en papier. Recommencez l'opération autant de fois qu'il est nécessaire : en principe, le temps de préparation d'une deuxième couleur est suffisant pour que la première couche soit assez froide. Laissez bien refroidir et conservez le tout dans des boîtes en carton.

Les petites astuces pour enlever les taches de bougie sont toujours les mêmes : à froid, versez de l'alcool fort, la stéarine deviendra cassante et se détachera facilement en grattant avec l'ongle. À chaud, recouvrez la tache d'un buvard et repassez plusieurs fois avec un fer réglé sur coton.

Pour confectionner vos bougies, pensez à une méthode très économique : récupérez tous les restes des vieilles bougies, y compris les petits restes des gâteaux d'anniversaire, de sapin de Noël... Quand vous en aurez une quantité suffisante, cassez-les pour en retirer les mèches et faites-les fondre au bain-marie. Il faudra leur ajouter un fort colorant pour obtenir une couleur satisfaisante. Méfiez-vous, en refroidissant, les couleurs perdent toujours de leur intensité. Il est également possible de décorer vos bougies avec des fleurs séchées : sur une feuille de papier, étudiez d'abord votre composition, puis ramollissez légèrement votre bougie avec un sèche-cheveux. Disposez soigneusement vos feuilles et vos fleurs avec une petite pince. Pour plus de solidité, vous pouvez ajouter un vernis en prenant garde de choisir un produit ininflammable. Il existe des vernis à base d'eau.

Autre manière de réaliser des bougies très originales : confectionnez de petits sujets en pâte à sel ou en papier mâché (recettes pages 128 et 129), dans lesquels vous introduirez, avant la cuisson ou le séchage selon le cas, une petite tige de métal; un trombone coupé en deux peut faire l'affaire. Vernissez vos objets et piquez-les dans des bougies assez grosses et basses.

Loisirs

Occuper les enfants les jours de pluie ou durant les après-midi d'hiver qui n'en finissent pas est relativement facile si vous avez pris soin d'amasser tout au long de l'année des cartons d'emballage et du papier journal. Il faut aussi que vos placards recèlent quelques paquets de farine et de sel d'avance. Vous pourrez d'ailleurs passer de bons moments avec eux car tout aussi bien l'aquarelle que la pâte à papier, le papier mâché, le pastillage ou la pâte à sel se prêtent parfaitement à des travaux d'adultes.

Effectivement, ne pensez pas que la technique du papier mâché ne puisse s'appliquer qu'à des boîtes ou des faux fruits. Vous pourrez confectionner, pour un coût quasiment nul, de petites tables et des chaises, des berceaux de poupée, des animaux à roulettes, des châteaux forts… Ne lésinez pas sur les couches de papier journal superposées et attendez bien que la dernière soit sèche avant de poser la suivante. Il est préférable de poncer, avec du papier de verre très fin, vos créations avant de les peindre et de les vernir. Les objets réalisés en papier mâché sont extrêmement solides, mais ils craignent l'humidité!

LES COLORANTS ALIMENTAIRES EXISTENT DANS DE TRÈS NOMBREUSES COULEURS : CONSTITUEZ-VOUS UN STOCK, LEUR USAGE EST MULTIPLE. VOUS LES TROUVEREZ DANS LES BOUTIQUES SPÉCIALISÉES.

L'AQUARELLE

Ingrédients

Pour chacune des couleurs
1 cuillerée à soupe de vinaigre blanc
2 cuillerées à soupe de bicarbonate de soude
1 cuillerée à soupe de farine de maïs
1/2 cuillerée à café de glycérine
2 gouttes de colorant alimentaire
1 cuillerée à café d'eau

Ustensiles

Un petit bol par couleur
Une petite bouteille avec son bouchon par couleur

Préparation

Mélangez le vinaigre et le bicarbonate dans un petit bol. Quand le bicarbonate cesse de mousser, ajoutez la farine et la glycérine. Mélangez bien, ajoutez le colorant et l'eau : le mélange doit être bien liquide. L'aquarelle se conserve pendant plusieurs mois dans des petits flacons bien fermés.

Vous pouvez préparer une quantité de pâte à sel assez importante : elle se conserve merveilleusement au congélateur.

Outre qu'il est un jeu pour les enfants, le pastillage peut servir à faire des décorations pour les gâteaux.

Les objets réalisés avec la pâte à papier ou le papier mâché doivent être mis à sécher près d'une source de chaleur douce pour éviter qu'ils ne se racornissent.

La pâte à papier parfumée

Ingrédients

2 doubles pages d'un journal quotidien grand format imprimé uniquement en noir et blanc
1 grande tasse d'eau
75 g de farine
Quelques gouttes d'essence de cannelle

Ustensiles

Un grand faitout
Un fouet
Un saladier
Du film alimentaire transparent

Préparation

Déchirez les pages de journal en petits morceaux et jetez-les dans un faitout en les dispersant bien. Couvrez avec l'eau et faites bouillir pendant une bonne dizaine de minutes. Quand le papier commence à se désagréger, ajoutez la farine et l'essence de cannelle puis fouettez énergiquement jusqu'à obtention d'une pâte gluante. Versez dans un saladier et pétrissez dès que la baisse de température le permet. Cette pâte ne se conserve que 2 ou 3 jours dans du film alimentaire bien clos, mais elle permet de modeler des objets qui seront extrêmement solides une fois secs et qui ne nécessitent pas de cuisson.

Le papier mâché

Ingrédients

100 g de farine
30 cl d'eau
Papier journal
Carton de récupération et papier kraft gommé (éventuellement)

Ustensiles

Un bol
Une forme à recouvrir, bouteille, boîte, pot en terre, vieux pied de lampe, ballon gonflable, etc.
Un cutter, un crayon et une règle (éventuellement)

Préparation

Préparez la colle dans un bol en mélangeant la farine et l'eau et en évitant de faire des grumeaux. Déchirez des bandes dans le papier journal en respectant le sens de la fibre et plongez chaque bande dans la colle. Lissez-les entre vos doigts pour enlever l'excédent de colle et appliquez-les sur la surface que vous souhaitez recouvrir. Quand la première couche est bien sèche, appliquez-en une autre que vous laissez à nouveau sécher, et ainsi de suite trois ou quatre fois. Vous disposerez ainsi d'objets extrêmement durs et solides que vous pourrez peindre et vernir. Vous pouvez aussi choisir, à partir de carton de récupération, de confectionner votre forme de départ, étagère, petite table, cube..., en découpant et en assemblant des formes en carton avec du kraft gommé. En les recouvrant de plusieurs couches de bandes de papier, vous obtiendrez des objets étonnamment résistants.

Le pastillage

Ingrédients

4 feuilles de gélatine ou 10 g de gomme arabique
50 g d'eau
400 g de sucre glace
50 g d'amidon ou de fécule de pomme de terre

Ustensiles

Un bol
Une casserole
Un marbre ou une surface lisse non poreuse
Un sac en plastique
Une boîte hermétique

Préparation

Faites ramollir les feuilles de gélatine dans un bol d'eau froide. Chauffez l'eau à 60 °C, ajoutez les feuilles de gélatine bien égouttées et remuez pour qu'elles fondent totalement. Avec la gomme arabique, il est inutile de faire chauffer l'eau. Faites une fontaine sur un marbre avec le sucre glace, versez-y la solution de gélatine ou de gomme et travaillez le mélange pour obtenir une pâte. Faites-lui absorber l'amidon en fraisant avec la paume de la main. Rangez le pastillage dans un sac en plastique pour l'empêcher de croûter et ne sortez que la quantité nécessaire à chaque fois. Laissez sécher les sujets que vous aurez modelés à température ambiante dans un endroit sec. Le pastillage se conserve très bien dans un sac en plastique enfermé dans une boîte hermétique.

La pâte à modeler

Ingrédients

Pour chacune des couleurs
50 g de sel fin
10 cl d'eau chaude
10 cl d'eau froide
50 g de farine de maïs
Colorant alimentaire ou quelques gouttes de gouache en tube

Ustensiles

Une casserole
Un bol
Une planche en bois
Un petit sac en plastique par couleur
Une boîte hermétique

Préparation

Mélangez le sel et l'eau chaude dans une casserole et portez à ébullition. Versez l'eau froide dans un bol et délayez la farine puis le colorant. Incorporez l'eau salée à cette pâte en remuant pour éviter les grumeaux, puis faites épaissir à feu doux. Retirez du feu et étalez la pâte sur une planche en bois. Quand elle est refroidie, pétrissez-la pour lui donner de l'élasticité. Cette pâte peut être utilisée tout de suite ou se garder dans un sac en plastique enfermé dans une boîte hermétique. Les modelages sécherons pendant plusieurs jours ou seront cuits pendant 2 heures dans un four à 90 °C.

La pâte à sel est une matière merveilleuse qui permet de modeler les formes les plus simples comme les formes les plus compliquées. Les enfants pourront, dans un morceau de pâte aplatie, découper des sujets avec des emporte-pièce qui, une fois cuits, peints et vernis, serviront pour jouer à la marchande ou faire des décorations de Noël pour le sapin. Ils adoreront aussi confectionner des pains, des sandwiches, des gâteaux, des fruits et des légumes pour créer une boulangerie ou une épicerie miniatures.

Quant au modelage, c'est une affaire d'habitude et d'un tout petit peu de patience : n'hésitez pas à humidifier votre pâte pour en rectifier les formes. Toutes les retouches sont permises. Décorez vos réalisations avec toutes sortes de graines ou d'épices : les clous de girofle servent généralement à représenter les yeux des personnages ou les queues des petits fruits comme les pommes ou les poires. Utilisez également des baies colorées ou des pâtes alimentaires. Toutes celles-ci résistent bien à la cuisson, vous pourrez donc les mettre en place avant d'enfourner vos objets. Il faut aussi savoir que la cuisson a tendance à accentuer les volumes plutôt qu'à les rétracter, ainsi une forme ronde le sera encore plus à la sortie du four. Les petits objets cuisent mieux lorsqu'ils se trouvent en présence d'un plus gros, ce dernier procurant une humidité qui évite le dessèchement. Une fois cuite, la pâte à sel peut être peinte ou colorée et la vernir assurera une meilleure conservation. En revanche, faites attention, les objets cuits se cassent comme de la porcelaine.

LA PÂTE À SEL

Ingrédients

2 tasses de farine
1 tasse de sel fin
3/4 de tasse d'eau
1 cuillerée à soupe de colle à papier peint

Ustensiles

Un saladier
Du fil alimentaire transparent
Une boîte hermétique

Préparation

Mélangez la farine et le sel, puis ajoutez l'eau : la pâte ne doit être ni friable ni collante et doit être bien pétrie avant d'être utilisée. L'ajout de la colle à papier peint permet de sceller plus facilement les parties fines des petits objets que vous aurez modelés. Ne donnez pas cette pâte à des petits enfants qui risqueraient de se lécher les doigts. La pâte à sel peut être colorée avec toutes sortes de produits tels que le café, le cacao, des épices, des colorants alimentaires et même de la gouache en tube. Une fois le sujet réalisé, faites-le cuire dans un four réglé à température très basse, laissez la porte du four ouverte et surveillez attentivement.
Pensez toujours à couvrir de film alimentaire la part de pâte à sel que vous n'utilisez pas, car celle-ci sèche très rapidement.

ALADINE

Produits pratiques

Quand les produits d'entretien n'encombraient pas encore les rayons des supermarchés, il était habituel de fabriquer chez soi tout ce qui servait au nettoyage de la maison, à l'entretien du linge et des objets, mais aussi à la destruction des animaux nuisibles. Ainsi protégeait-on les plantes du jardin sans utiliser de produits toxiques, et beaucoup d'insecticides contenaient tout simplement des substances aussi naturelles que le piment, l'oignon ou l'ail. De la menthe ou d'autres plantes aromatiques disposées au milieu des rangées de légumes éloignent la majorité des parasites. Vous pouvez aussi employer des denrées aussi courantes que la farine qui fait éclater les larves et le sucre qui les déshydrate. Le sel ou le savon ont raison des pucerons, mais il vous faudra rincer vos légumes avant de les cuisiner.

Confectionner soi-même son encre, ce qui permet de la personnaliser, et sa colle sont des opérations qui amusent beaucoup les enfants qui deviennent ainsi de véritables petits chimistes sans que cela ne représente le moindre danger. Pour faire une simple colle en pâte, qui se conserve très bien, il vous suffira de délayer soigneusement de la farine avec très peu d'eau. Utilisez de préférence un fouet pour éviter la formation de grumeaux. La farine de seigle est la plus adhésive de toutes.

CETTE ENCRE VIOLETTE POURRA VOUS SERVIR À FAIRE DE RAVISSANTES ÉTIQUETTES POUR VOS BOUTEILLES OU VOS POTS À CONFITURES.

L'ENCRE

Ingrédients

950 cm³ d'eau distillée ou bouillie
50 cm³ d'alcool pur
2,5 g de bleu ou de violet d'aniline

Ustensiles

Une bouteille avec son bouchon
Une étiquette

Préparation

Mélangez tous vos ingrédients dans une grande bouteille et remuez bien. Bouchez et étiquetez. Le bleu d'aniline se trouve dans les boutiques de fournitures de dessin.

AVEC DU JUS DE CITRON, VOUS ÉCRIREZ À L'ENCRE SYMPATHIQUE. INVISIBLE, VOTRE TEXTE APPARAÎTRA EN FAISANT CHAUFFER VOTRE FEUILLE. ON PEUT AUSSI UTILISER DU JUS D'ORANGE OU DU JUS D'OIGNON.

LE NOIR DE FUMÉE S'ACHÈTE, OU BIEN SE FABRIQUE SUR UNE ASSIETTE MAINTENUE AU-DESSUS D'UNE BOUGIE ALLUMÉE.

LA COLOPHANE EST UN PRODUIT DÉRIVÉ DE L'ESSENCE DE TÉRÉBENTHINE QUI SERT GÉNÉRALEMENT À L'ENCOLLAGE DES PAPIERS.

L'ENCRE NOIRE

Ingrédients

1 jaune d'œuf
1 cuillerée à café de gomme arabique
10 cl de miel
1/2 cuillerée à café de noir de fumée
De l'eau (éventuellement)

Ustensiles

Un petit bol
Une bouteille avec son bouchon
Une étiquette

Préparation

Mélangez le jaune d'œuf, la gomme arabique et le miel dans un bol. Ajoutez le noir de fumée et voyez s'il est utile d'éclaircir le mélange avec un peu d'eau. Mettez en bouteille, bouchez et étiquetez.

L'ENCRE MARRON

Ingrédients

10 cl d'eau bouillante
5 sachets de thé
1 cuillerée à café de gomme arabique

Ustensiles

Un bol
Une mousseline pour filtrer
Une bouteille avec son bouchon
Une étiquette

Préparation

Mettez les sachets de thé dans un bol, versez l'eau, ajoutez la gomme arabique et remuez le tout. Laissez refroidir, puis pressez très fort les sachets de thé pour en extraire le tannin. Filtrez le mélange, mettez en bouteille, bouchez et étiquetez. Utilisez plutôt avec un pinceau ou un porte-plume.

LA CIRE DE BOUCHAGE

Ingrédients

100 g de cire à cacheter
100 g de colophane
1 cuillerée à soupe de cire d'abeille

Ustensiles

Un grand pot qui servira pour le mélange et la conservation
Une casserole

Préparation

Faites fondre ensemble tous les ingrédients au bain-marie. Mélangez bien. Méfiez-vous car ce mélange mousse de manière extrêmement spectaculaire. Après les premiers bouillons, éteignez le feu. Badigeonnez les bouteilles ou les bocaux à sceller.

LA COLLE À LA GOMME ARABIQUE POUR BIBELOTS

Ingrédients

3 cuillerées à soupe de gomme arabique
1 cuillerée à soupe de glycérine
1/2 cuillerée à café d'eau

Ustensiles

Un petit bol
Un pot avec son couvercle
Une étiquette

Préparation

Mettez tous les ingrédients dans un petit bol et mélangez-les énergiquement. Appliquez une fine couche sur les morceaux à recoller à l'aide d'un pinceau, assemblez-les et maintenez-les serrés ensemble pendant 1 heure au moins. Laissez sécher ensuite pendant une journée avant de réutiliser votre objet.
Cette colle se conserve très bien dans un pot hermétiquement fermé. Étiquetez.

LA COLLE POUR LES PAPIERS

Ingrédients

2 feuilles de gélatine
6 cuillerées à soupe d'eau
2 cuillerées à soupe de vinaigre blanc
2 cuillerées à café de glycérine

Ustensiles

Une casserole
Un petit bol
Un pot avec son couvercle
Une étiquette

Préparation

Faites tremper les feuilles de gélatine dans l'eau froide pendant une dizaine de minutes. Portez l'eau à ébullition dans une casserole, retirez du feu et ajoutez la gélatine égouttée. Remuez jusqu'à ce qu'elle soit dissoute. Ajoutez le vinaigre et la glycérine en remuant. Mettez en pot, fermez et étiquetez.
Cette colle se conserve plusieurs mois, mais elle coagule au bout de quelques jours. Il faut donc la faire réchauffer au bain-marie avant utilisation.

LA CIRE POUR BOIS BRUT

Ingrédients

25 cl d'essence de térébenthine
25 cl de cire d'abeille fondue
25 cl d'huile de lin bouillie

Ustensiles

Deux casseroles
Une bouteille
Un bouchon de liège
Une étiquette

Préparation

Faites chauffer l'essence de térébenthine au bain-marie. Ajoutez la cire en remuant doucement pour la dissoudre et, pour finir, versez l'huile. Retirez du feu et passez cette cire chaude sur le bois avec un pinceau. Ne l'utilisez jamais sur du bois vernis.
Conservez ce qui pourrait rester de votre préparation dans une bouteille; vous la ferez réchauffer lors d'une utilisation ultérieure. Bouchez et étiquetez.

L'ENCAUSTIQUE LIQUIDE

Ingrédients

15 cl d'essence de térébenthine pure
15 cl d'huile de lin brute
70 ml d'esprit de bois
70 ml de vinaigre de cidre
3 cuillerées à café d'essence de citron

Ustensiles

Une bouteille avec son bouchon, sinon un bouchon de liège
Une étiquette

Préparation

Versez tous les ingrédients dans une bouteille que vous secouerez vigoureusement avant chaque application. Cette encaustique s'applique avec un chiffon doux pour nettoyer les bois secs et sales; frottez ensuite avec un torchon pour faire briller. Elle a l'avantage de ne pas assombrir les bois clairs.

LE NETTOYANT POUR CARRELAGE

Ingrédients

25 g de bicarbonate de soude
10 cl d'ammoniaque
5 cl de vinaigre blanc
1,5 l d'eau chaude

Ustensiles

Une bouteille avec son bouchon, sinon un bouchon de liège
Une étiquette

Préparation

Mélangez tous les ingrédients dans une grande bouteille; bouchez-la et remuez vigoureusement. Cette solution élimine les marques de savon restées sur les carreaux de la salle de bains. Appliquez directement sur la surface à nettoyer et essuyez avec une éponge humide. Attention, ce produit est dangereux pour les enfants.

L'ENCAUSTIQUE AUTOBRILLANTE

Ingrédients

1 l d'alcool dénaturé
3 cuillerées à café de gomme arabique en paillettes
5 cl d'essence de térébenthine
20 cl de gomme-laque orange

Ustensiles

Un seau
Une bouteille avec son bouchon, sinon un bouchon de liège
Une étiquette

Préparation

Jetez tous les ingrédients dans un seau et remuez jusqu'à ce que la gomme arabique soit complètement dissoute. Appliquez votre encaustique avec un chiffon ou une éponge sur un sol propre et sec. Laissez sécher ensuite pendant 30 minutes. Mettez le surplus d'encaustique dans une bouteille, bouchez et étiquetez. Vous pouvez la retirer avec un détergent et de l'eau chaude.

Les odeurs d'une maison bien tenue sont aussi évocatrices de souvenirs que ses meubles ou ses objets.

Des bougies à la citronnelle posées sur les terrasses et les balcons éloignent les moustiques les soirs d'été

L'INSECTICIDE DE JARDIN

Ingrédients

3 piments forts verts, frais ou en boîte
2 ou 3 gousses d'ail
3 ou 4 cuillerées à café de savon liquide
De l'eau

Ustensiles

Un mixer électrique
Un bol
Une mousseline pour filtrer
Un vaporisateur
Une étiquette

Préparation

Réduisez les piments et l'ail en une fine purée à l'aide d'un mixer. Versez dans un récipient et ajoutez le savon liquide avec 70 cl d'eau. Laissez reposer pendant 24 heures, puis filtrez votre préparation. Diluez-la à 50 % avec de l'eau, versez-la dans un vaporisateur et étiquetez. Vous pouvez traiter les arbustes, les légumes ou les fleurs; avant de commencer, faites un test sur quelques feuilles pour voir si la plante supporte le produit. Vaporisez ensuite vos plantes en prenant soin de bien mouiller les deux faces des feuilles.

LES SACHETS ANTI-MITES

Ingrédients

3 cuillerées à soupe de citronnelle séchée
2 cuillerées à soupe de feuilles d'armoise séchées
1 cuillerée à soupe de feuilles de romarin séchées
1 cuillerée à soupe de fleurs de camomille séchées
1 cuillerée à soupe de thym séché
1 cuillerée à café de cannelle en poudre
1 cuillerée à café de clous de girofle moulus
1/2 cuillerée à café de noix muscade râpée
1 cuillerée à café de sel
1 cuillerée à café de racine d'iris en poudre
Quelques gouttes d'une essence de lavande ou de citron

Ustensiles

Un saladier
Un bocal qui puisse être fermé
De petits sacs en tissu
Du ruban

Préparation

Émiettez toutes les plantes séchées dans un saladier. Ajoutez ensuite les épices, le sel et la racine d'iris en poudre. Versez le tout dans un bocal, fermez-le et placez-le pendant 2 semaines dans l'obscurité. Remplissez ensuite de petits sacs de tissu de votre mélange, aspergez-les de quelques gouttes d'essence de lavande ou de citron. Fermez les sacs et mettez-les dans vos tiroirs.

L'IMPERMÉABILISANT POUR LES TOILES

Ingrédients

1 l d'huile de soja
50 cl d'essence de térébenthine

Ustensiles

Un seau, de préférence en métal
Une bouteille avec son bouchon, sinon un bouchon de liège
Une étiquette

Préparation

Mélangez l'huile et l'essence dans un seau métallique.
Mettez en bouteille, bouchez et étiquetez.
Cette solution s'utilise aussi bien pour imperméabiliser les housses de voiture que les bâches, ou encore les toiles de tente, etc.

L'IMPERMÉABILISANT POUR VÊTEMENTS

Ingrédients

1 kg d'alun
40 l d'eau

Ustensiles
Un seau
Une bouteille avec son bouchon, sinon un bouchon de liège
Une étiquette

Préparation
Faites bouillir l'alun dans l'eau, puis laissez tiédir. Trempez vos vêtements dans cette préparation et laissez-les sécher. Conservez un peu de produit après utilisation pour imperméabiliser de petites pièces.

L'IMPERMÉABILISANT À CHAUSSURES

Ingrédients
50 g d'huile de lin
50 g de saindoux
30 g de graisse de mouton
30 g de cire jaune
30 g d'essence de térébenthine

Ustensiles
Une casserole
Un pot avec son couvercle
Une étiquette

Préparation
Versez les ingrédients dans une casserole et faites chauffer doucement en remuant avec une spatule pour obtenir un mélange homogène. Laissez tiédir et appliquez votre préparation avec un pinceau. Laissez sécher, puis faites briller vos chaussures. Conservez votre imperméabilisant dans un pot bien fermé. S'il durcit trop, faites-le tiédir dans une casserole d'eau chaude avant utilisation.

L'INSECTICIDE POUR PLANTES D'APPARTEMENT

Ingrédients
1 poignée de tabac à pipe ou à cigarettes
45 cl d'eau
4 cuillerées à café de savon liquide

Ustensiles
Un bol
Une mousseline pour filtrer
Un vaporisateur

Préparation
Mettez le tabac dans un bol et versez l'eau bien chaude dessus. Laissez macérer pendant toute une nuit, puis filtrez. Ajoutez le savon liquide à ce jus et mélangez soigneusement. Versez le mélange dans un vaporisateur et faites un test sur quelques feuilles. Aspergez les plantes infectées sur les deux faces mais n'utilisez jamais ce traitement sur les plantes duveteuses (bégonia, pétunia...).

L'ANTIFOURMI AU NOYER

Ingrédients
6 poignées de feuilles de noyer fraîches
75 cl d'eau

Ustensiles
Une casserole
Une mousseline pour filtrer
Une bouteille
Une étiquette

Préparation
Faites bouillir les feuilles dans l'eau pendant 30 minutes environ. Filtrez la décoction ainsi obtenue et mettez-la dans une bouteille, bouchez et étiquetez. Cette préparation chasse les fourmis : appliquez-la au pinceau.

L'ANTIMOUCHE

Ingrédients
De l'eau de Cologne
De la menthe pouliot fraîche
Du romarin frais
De la citronnelle fraîche
Du thym frais
De la tanaisie fraîche

Ustensiles
Un vase ou un pot

Préparation
Faites un bouquet avec l'ensemble des plantes aromatiques. Placez-les dans un vase, sur le rebord de vos fenêtres par exemple. Vous pouvez aussi en suspendre des bottes au plafond de la cuisine.

L'ANTIMOUSTIQUE

Ingrédients
1 l d'alcool à fruits à 45°
80 g de copeaux de cèdre rouge
30 g de feuilles d'eucalyptus fraîches

Ustensiles
Un grand saladier
Une mousseline pour filtrer
Une bouteille avec son bouchon
Une étiquette

Préparation
Mélangez tous les ingrédients dans un saladier. Couvrez et laissez macérer pendant 5 jours. Filtrez le mélange et ne gardez que le liquide. Mettez en bouteille, bouchez et étiquetez. Appliquée à différents endroits de la peau, cette lotion éloigne les moustiques.

L'AIL CONTIENT DES SUBSTANCES CHIMIQUES MORTELLES POUR LES INSECTES, ET SANS DANGER POUR LES MAMMIFÈRES.

MÉFIEZ-VOUS EN MANIPULANT LES PIMENTS. FRAIS OU SECS ILS CONTIENNENT DE LA CAPSAICINE, UNE SUBSTANCE QUI PEUT IRRITER LA PEAU ET LES YEUX.

MARSEILLE

Teintures

Teindre soi-même permet d'obtenir des couleurs très originales. En fonction des mélanges de plantes et des mordants utilisés, vous obtiendrez de nouvelles nuances de couleur. Les plantes colorantes sont très diverses : légumes, fruits ou baies, fleurs de jardin, herbes, racines... Pour les feuilles, c'est avec des plantes fraîches cueillies avec des pousses jeunes et vertes que vous aurez les meilleurs résultats. Les fruits doivent être bien mûrs et parfois même blets. Les racines doivent être déterrées en automne. Comme les branches et les écorces, elles seront conservées en sachets. Teindre n'est pas une entreprise difficile, mais cela exige un minimum de précautions, notamment avec les mordants qui sont souvent des substances toxiques.

POUR CONNAÎTRE LES RÉSULTATS DE COULEURS QUE VOUS OBTIENDREZ AVEC LES DIFFÉRENTES PLANTES, REPORTEZ-VOUS À LA PAGE 140.

LA TEINTURE DE BASE

PRINCIPE GÉNÉRAL

L'exemple choisi concerne la laine et particulièrement la laine de mouton, plus facile à teindre que les fibres d'origine végétale. Il faut procéder en trois étapes :
le lavage,
le mordançage,
la teinture proprement dite.

Ingrédients pour le lavage

1 kg de laine blanche ou de teinte pâle en écheveaux
Eau
100 g de bicarbonate de soude
50 g de savon de Marseille

Ustensiles

Une bassine émaillée ou en acier inoxydable
Une spatule en bois
Des pinces pour saisir la laine (éventuellement)

Préparation

Nouez les écheveaux en plusieurs endroits sans les serrer. La laine de mouton demande deux rinçages à cause du suint, très gras, dont elle est enduite. Commencez par laver à grande eau, 30 l au moins pour 1 kg de fibres en choisissant si possible une eau peu calcaire. Effectuez le second rinçage dans un mélange d'eau tiède, de carbonate de soude et de savon de Marseille. Laissez tremper en essayant de garder une température de 35 °C.

LORSQUE VOUS FAITES VOS TEINTURES, IL EST PRÉFÉRABLE DE VOUS PROTÉGER LES MAINS AVEC DES GANTS DE CAOUTCHOUC.

LA TEINTURE AU RHODODENDRON PRENDRA DES TONS BEAUCOUP PLUS FONCÉS SI VOTRE LAINE EST MORDANCÉE AVEC DU FER.

Ingrédients pour le mordançage

250 g d'alun si la laine est épaisse, 180 g si la laine est fine, sinon elle risque de feutrer
20 l d'eau

Préparation

Mélangez l'alun à l'eau, puis ajoutez la laine. Pour faire prendre le mordant dans la laine, chauffez pendant 1 heure environ en gardant l'eau frémissante.

Ingrédients pour la teinture

Les plantes colorantes de votre choix
Un petit sac d'étamine
30 l d'eau

Préparation

Placez les plantes colorantes dans un petit sac d'étamine pour éviter qu'elles ne s'emmêlent dans la laine. Jetez-les dans une bassine contenant l'eau et faites chauffer jusqu'à obtention d'une belle couleur. Trempez ensuite votre laine, ajoutez un peu d'eau si nécessaire. Les fibres animales doivent être manipulées avec précaution et remuées de temps en temps avec une cuiller en bois. Portez très doucement à ébullition et faites cuire jusqu'à obtention de la couleur voulue. Laissez refroidir soit dans le bain, soit à l'extérieur, et rincez abondamment. Pour faire sécher la laine, essorez-la délicatement, posez-la à plat sur des planches de bois ou suspendez-la.

LA TEINTURE AU NOYER

Ingrédients

500 g d'écales de noix
500 g de laine non mordancée

Ustensiles

Une bassine émaillée ou en acier inoxydable
Une spatule en bois
Des pinces pour saisir la laine (éventuellement)

Préparation

Ramassez vos noix, écrasez-les et faites-les macérer dans l'eau pour obtenir un brou de noix. Plongez ensuite votre laine dans une bassine à froid durant un jour ou bien faites-la bouillir très doucement de 30 à 60 minutes. La teinture au noyer donne des tons très noirs et est une des rares à ne pas nécessiter l'emploi d'un mordant. Laissez refroidir et faites sécher la laine.

LA TEINTURE A LA GARANCE

Ingrédients

30 g de racine séchée de garance
500 g de laine mordancée à l'alun

Ustensiles

Un petit sachet de mousseline ou d'étamine
Une bassine émaillée ou en acier inoxydable
Une spatule en bois
Des pinces pour saisir la laine (éventuellement)

Préparation

Enfermez vos plantes dans un sachet de mousseline et faites-le tremper dans une bassine pendant toute la nuit, puis faites mijoter ensuite pendant une trentaine de minutes. Assurez-vous qu'il y a 20 l d'eau au moins dans votre bassine; plongez-y la laine mordancée à l'alun et déjà mouillée. Chauffez très progressivement et laissez frémir le bain de teinture pendant 30 minutes. Laissez refroidir, rincez la laine à l'eau claire et faites-la sécher. La garance donne des tons de rouge.

LA TEINTURE À L'OIGNON

Ingrédients

1 kg de pelures d'oignons
500 g de laine mordancée à l'alun

Ustensiles

Une bassine émaillée ou en acier inoxydable
Une spatule en bois
Des pinces pour saisir la laine (éventuellement)

Préparation

Préparez votre bain en faisant frémir l'eau, dans laquelle vous aurez jeté vos pelures d'oignons, pendant 20 minutes au maximum. Assurez-vous que votre bassine contient 20 l d'eau au moins. Plongez-y votre laine mordancée à l'alun. Chauffez doucement et laissez frémir le bain de teinture pendant 20 minutes. Laissez refroidir, rincez la laine et faites-la sécher.
Vous obtiendrez de jolis tons de brun.

LA TEINTURE AU RHODODENDRON

Ingrédients

1,5 kg de feuilles fraîches de rhododendron
500 g de laine mordancée à l'alun

Ustensiles

Une bassine émaillée ou en acier inoxydable
Une spatule en bois
Des pinces pour saisir la laine (éventuellement)

Préparation

Faites tremper les feuilles pendant toute une nuit dans de l'eau, puis faites-les bouillir pendant 1 heure. Filtrez sans vous brûler et ajoutez 20 l d'eau pour le bain de teinture. Mouillez la laine et plongez-la dans le bain de teinture. Chauffez très doucement et laissez frémir pendant 30 minutes. Attendez qu'elle refroidisse, rincez à l'eau claire, puis faites sécher. La teinture au rhododendron donne des tons de kaki.

La cuisson du sucre

Au fur et à mesure que la cuisson d'un sirop de sucre avance, il se présente sous des aspects suffisamment différents pour que vous puissiez reconnaître sa consistance. Du respect des étapes indiquées dans les recettes dépend leur réussite.

Grand lissé : c'est le début de l'ébullition.

Perlé : la formation de perles rondes commence à la surface.

Petit boulé : plongé dans l'eau froide, le sucre doit former une petite boule. C'est en général l'étape conseillée pour les caramels mous et les nougats.

Nappé : de grosses bulles recouvrent toute la surface de la casserole. Le sirop nappe la spatule.

Filet : les bulles sont plus petites et plus nombreuses. Le sirop s'épaissit et s'étire en filet.

Grand boulé : plongé dans l'eau froide, le sucre forme une boule plus dure et plus grosse que lors de l'étape du petit boulé.

Petit cassé : plongé dans l'eau froide, le sucre doit durcir immédiatement. La boule de sucre roule sur du marbre et est collante. C'est en général l'étape conseillée pour les caramels au beurre, les bonbons mous).

Grand cassé : plongé dans l'eau froide, le sucre se casse comme du verre. C'est en général l'étape conseillée pour les bonbons de sucre cuit.

Les teintures

LES MORDANTS

Ils aident les tissus à absorber la teinture et à la fixer.

Le mordant à l'alun : C'est le plus couramment utilisé, mais une trop grande quantité fait feutrer la laine.

Le mordant à l'étain : Il avive les couleurs et tout spécialement les rouges et les jaunes, mais, en trop grande proportion, il rend la laine dure et cassante.

Le mordant au fer : Il fonce toutes les couleurs si on l'ajoute en fin de teinture. Trop de fer rend la laine rêche.

Le mordant au chrome : Il intensifie et fixe bien les couleurs, mais une trop grande quantité peut les dénaturer. Il donne un toucher agréable à la laine.

LES COULEURS

Voici, à titre indicatif, les nuances que vous pourrez obtenir. Mais sachez qu'elles varient en fonction de la qualité des plantes utilisées et de la nature du textile. Entre parenthèses est indiqué le mordant qui est conseillé.

Jaunes :

- feuilles de figuier (mordant : alun)
- feuilles de bouleau (mordant : alun)
- feuilles de troènes (mordant : alun)
- Séneçon (mordant : alun)
- fleurs de tanaisie (mordant : alun)
- fleurs de coréopsis (mordant : alun)

Jaune d'or :
- fleurs de verges-d'or ou solidago (mordant : alun)

Jaunes orangés :
- pommes de pin (mordant : alun)
- racines de fougères (mordant : alun)

Jaunes bruns :
- pelures d'oignons (mordant : alun)
- feuilles de muguet (mordant : chrome)
- fleurs de sophora (mordant : étain et crème de tartre)

Bruns clairs :
- pommes de pin (mordant : fer)
- fleurs de persicaire (mordant : chlorure d'étain)
- fleurs de souci (mordant : alun)
- feuilles de thé (sans mordant)
- feuilles de rhododendron (mordant : alun)
- feuilles de tabac (mordant : alun)

Bruns :
- café moulu (sans mordant)
- glands de chêne (mordant : alun ou sulfate de fer)
- copeaux de bois de campêche (mordant : alun)

Bruns rosés :
- coquilles de noix (mordant : alun)
- baies de phytolacca (mordant : alun)
- fleurs d'asclépiade (mordant : alun)

Rouge orangé :
- racines séchées de garance (mordant : alun)

Rouge :
- larves de cochenille (mordant : alun)

Violet pourpre :
- baies de sureau (mordant : alun)

Bleu pourpré :
- fruits d'airelle (mordant : alun)

Bleu gris :
- baies de ronce (mordant : alun)

Indigo :
- pâte d'indigo (mordant : alun)

Bleu-vert :
- fruits du troène (mordant : alun)

Verts clairs :
- fleurs et tiges de carvi (mordant : alun)
- feuilles de muguet (mordant : alun)

Noir :
- feuilles de rhododendron (mordant : sulfate de fer)
- pommes de ronce (mordant : fer)

Index des recettes

A

B

C

D

E

F

G

R

S

T

V

Index des produits

Cet index des produits utilisés dans l'ensemble des recettes de ce livre se veut un véritable précis d'économie domestique : si vous disposez en abondance d'un fruit, d'un légume ou d'un produit, vous saurez en un seul coup d'œil dans quelles recettes vous pourrez l'utiliser. À l'inverse, si vous hésitez à acheter un produit pour une seule recette, cet index vous indiquera quelles sont les autres recettes qui en contiennent aussi.

A

B

C

F

G

H

I

J

L

M

N

Remerciements

Nous tenons à remercier tout particulièrement les boutiques
qui nous ont prêté de multiples objets pour les prises de vues.

LES ARTS POPULAIRES
7, rue Bréa
75006 PARIS - 43.26.58.42

LE BAIN ROSE
11, rue d'Assas
75006 PARIS - 42.22.55.85

CRABTREE & EVELYN
177, boulevard Saint-Germain
75006 PARIS - 45.44.68.76

DEHILLERIN
18, rue Coquillière
75001 PARIS - 42.36.53.13

DESCAMPS
4, rue Donizetti
75016 PARIS - 42.88.14.19

FOUQUET CONFISEUR
22, rue François Ier
75008 PARIS - 47.23.30.36

HABITAT
35, avenue de Wagram
75017 PARIS - 44.09.97.02

L'HERBORISTERIE DU PALAIS-ROYAL
11, rue des Petits-Champs -
75001 PARIS - 42.97.54.68
4, rue de Passy
75016 PARIS - 42.88.91.49

GENEVIÈVE LETHU
95, rue de Rennes
75006 PARIS - 45.44.40.35

MAISON DE FAMILLE
29, rue Saint-Sulpice -
75006 PARIS - 40.46.97.47

L'OCCITANE
26, rue Vavin
75006 PARIS - 43.25.07.71

POINT À LA LIGNE
67, avenue Victor-Hugo
75016 PARIS - 42.61.18.45

LA VAISSELLERIE
85, rue de Rennes
75006 PARIS - 42.22.61.49

LES VERRERIES BROSSE
39, boulevard Bourdon
75004 PARIS - 42.72.79.77

LES QUATRE SAISONS
Centre Commercial Paris Plaza
53, rue de Passy
75016 PARIS - 45.25.17.22

Nous remercions également chaleureusement :

Monsieur et Madame Frédérick BOULAY, Monsieur et Madame Laurent de NANTEUIL, Monsieur et Madame Pascal BRUNELET, Monsieur et Madame Romilly DELPH, Monsieur et Madame Thierry FEBVRET, Monsieur et Madame Stéphane POUX, Madame Chantal NALIN, La Maison de champagne VEUVE CLICQUOT PONSARDIN

Réalisé par Copyright
pour les Éditions Solar

Conception graphique : Anne Fleming